すぐに使える

そうぞく対策と
生命保険活用術

明治安田生命保険相互会社
営業教育部［編］

四訂版

一般社団法人 金融財政事情研究会

ごあいさつ

　私たち明治安田生命は、「確かな安心をいつまでも」という経営理念の
もと、「お客さまから信頼を得て選ばれ続ける、人に一番やさしい生命保
険会社」をめざし、日々の業務に取り組んでおります。

　特に、2020年4月にスタートした10年計画「MY Mutual Way 2030」
では、10年後（2030年）にめざす姿を「『ひとに健康を、まちに元気を。』
最も身近なリーディング生保へ」と定め、お客さまの健康づくりをサポー
トする「みんなの健活プロジェクト」と、豊かな地域づくりに貢献する「地
元の元気プロジェクト」の2「大」プロジェクトを通じて、お客さまに役
立つさまざまな情報をお届けしています。

　その一環として、お客さまご自身やご家族の「そうぞく」を考える際に、
お役立ていただけるように本書を発刊しました。ひとりでも多くの方に手
に取っていただけますと幸いです。

明治安田生命保険相互会社

常務執行役　個人営業部門長　中村暢敬

私たち明治安田生命では、「Shoulder to Shoulder－隣で、寄り添い、共有する－」という新たな考え方により、お客さまのニーズや課題に寄り添い、「保険＋α」の価値をお届けする活動を心がけております。

　昨今では、対面のセミナーやイベントを各地域で開催することにより、より多くのお客さまに税制改正や社会保障制度の改正などの最新の情報をお届けしていますが、そのなかでも「そうぞくセミナー」は全国で人気のあるテーマとなっています。

　本書は、実際にセミナーに参加いただいたお客さまの声や相談事例などを反映した内容となっています。なかなかセミナーに参加いただけないお客さまも含め、少しでもみなさまに役立てていただけることを祈念しております。

明治安田生命保険相互会社

常務執行役員　業務部長　新井健一

人はいつか必ず「もしも」のときを迎え、そのときには必ず「そうぞく」が発生します。生命保険は「もしも」のリスクをカバーするための金融商品であることから、「そうぞく」と非常に親和性が高いといえます。生命保険は、お客さまが積極的ニーズを感じることが難しいといわれていますが、どなたにも必ず訪れる「そうぞく」に関する情報をお届けし、生命保険によりさまざまな対策が行えるということを知っていただくことで、生命保険のすばらしさや大切さを改めて感じていただければと考えています。

　本書は、知識だけでなく、多くのケーススタディを通じて、ご家庭によって異なる「必要なそうぞく対策」と、生命保険がどのように役に立つかを、ご自身や身近な人に置き換えて確認していただけるよう編纂しています。少しでもみなさまの参考になればと存じます。

明治安田生命保険相互会社

営業教育部長　　小林雅紀

執筆者ごあいさつ

　本書も改訂を続け、ついに第四訂版となりました。

　もちろん「そうぞく」に対するみなさまの関心の高さのおかげですが、それに加えて法律の改正によって改めざるを得ない状況になってしまう点も、改訂版を発刊させていただく大きな要素になっています。

　つまり、そうぞくのための対策は、常に知識などをブラッシュアップしたうえで、このまま継続して良い対策なのか、見直しが必要な対策なのかをそのつど確認しておくことが、いざ、そうぞくが発生した際に有効な対策とするために必要なこととなります。

　なお、「そうぞく」については、「相続」と「争族」の両面で考えていただきたいことから、本書においてはあえてひらがなでの表記としています。セミナー参加者から個別のご相談などを受けさせていただいておりますと、「そうぞく」が発生してしまってから「相続発生時の相続税」や「遺産分割での争族」でお困りの方にお目にかかることも多くなっています。

　本来は、事前に少しでも対策を考えて実行していただけたらと思うことが多いのが実情です。最近では、「そうぞく」に、さらに「想続」という漢字を当てはめ、生前にしっかりと「そうぞく」に思いを馳せていただき、対策を考えていただくようにお願いしたいとお伝えしております。

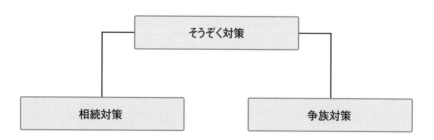

本書が、保険販売に従事している方にとってはお客さまの「そうぞく」対策のために、また、ご自身の「そうぞく」対策が必要な方にとっても、その考えをまとめる一助になれば幸いです。

　最後に、本書の発刊にあたってさまざまな面でサポートいただきました一般社団法人金融財政事情研究会の竹中学氏をはじめとした関係者のみなさまに、深く感謝をお伝えさせていただければと思います。

2023年10月

執筆者一同

■ 代表執筆者

山本　英生（やまもと　ひでお）

明治安田生命保険相互会社　顧問

税理士、1級ファイナンシャル・プランニング技能士、CFP®

厚生労働省ファイナンシャル・プランニング技能検定　検定委員

佐藤　茶和（さとう　さわ）

明治安田生命保険相互会社　営業教育部

実践販売サポートグループ　グループマネジャー

社会保険労務士、1級ファイナンシャル・プランニング技能士、
CFP®

■ 執筆・校閲者

営業教育部　実践販売サポートグループ

髙橋　孝之	主席FPコンサルタント
上新　剛	主席FPコンサルタント
金谷　一廣	主席FPコンサルタント
森田　充紀	
田村　久	
横山　駿	
中澤　玲南	
松井　航	
粟野　陽子	

業務部

八木　真	主席FPコンサルタント
日野　香	

■ 外部校閲協力者

浅井　弘章（あさい　ひろあき）

浅井国際法律事務所　所長（東京都千代田区丸の内３－４－１
新国際ビル８階）

弁護士

一橋大学法学部卒業。1999年弁護士登録（第二東京弁護士会）
金融機関等を依頼者として、銀行取引、保険取引、業法に関する
相談、意見書作成、訴訟代理等を取り扱うほか、金融機関の業界
団体から業界全体に影響を与える取組みに関し相談等を受け助言
を行う。

著書として「個人情報保護法と金融実務（第三版）」（金融財政事
情研究会）など多数。

麻生　直人（あそう　なおと）

麻生税務会計事務所　所長（千葉県船橋市三咲２－10－１　フェ
ニックス三咲２階）

税理士、１級ファイナンシャル・プランニング技能士、CFP®

厚生労働省　ファイナンシャル・プランニング技能検定　技能検
定委員

税理士としての豊富な経験・知識を通じて、首都圏を中心に、相
続業務や起業支援等の各種サービスを提供。税務的な視点のみな
らず、ファイナンシャル・プランナーとしての視点から、保険活
用プランを多面的にアドバイスしている。

著書として共著「地主・家主さん、知らずに損していませんか？」
（明日香出版社）など。

CONTENTS

【コラム】

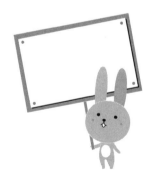

第1章

相続対策

1 相続対策の必要性

（1）相続対策とは

　相続対策は、「相続税対策」と「納税資金対策」に区分して考えることができます（ここでいう「そうぞく」とは、第2章で説明する争族のことは指していないため漢字で記載しています）〔図表1−1〕。

　相続税対策は、相続税の負担を軽減させるための対策であり、「自分の財産を守る」「次世代に財産を引き継ぐ」といった観点からもとても大切なものです。

　一方、納税資金対策とは、相続税を納める場合に必要となる資金をどのようにして用意しておくかという対策です。相続税は、物納による納付も可能ですが、金銭での一括納付が原則とされています。相続税が多額になる場合、金銭納付が難しくなることはよくあるため、「相続税の納付に困らないよう事前に資金準備をしておく」という対策が必要になります。

〔図表1−1〕　相続対策の分類

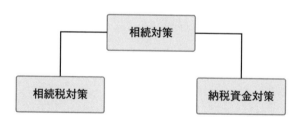

(2) 相続税対策

　相続税の改正法案が平成25年3月29日に成立し、平成27年1月1日から適用されました。改正によって、相続税の計算における遺産に係る基礎控除額は、3,000万円＋600万円×法定相続人の数へと引き下げられ、その影響は非常に大きなものとなりました〔**図表1-2**〕。

　たとえば、夫婦と子ども2人の家庭で、夫が死亡した場合を考えてみましょう。法定相続人の数は、妻と子ども2人の計3人であるため、改正前では基礎控除額は8,000万円ありました。それが、改正後は4,800万円に引き下げられ、改正前であれば相続税がかからなかった遺族であっても、改正後は相続税のかかるケースが増えています。

　〔**図表1-3**〕にあるとおり、平成6年の改正までは、相続税の計算における遺産に係る基礎控除額はそのつど増額されてきました。

　基礎控除額が増額されると、相続税が課される対象者が減少するため課税率は下降します。しかし、平成27年の改正では、はじめて遺産に係る基礎控除額が引き下げられました。それだけでもインパクトはありますが、結果、課税率は改正前の約4％から約8％に上昇、令和3年には9.3％となっています〔**図表1-4**〕。

　改正前と比較すると、2倍以上の被相続人の遺族が相続税を負担することになり、相続税対策を意識する必要に迫られていることになります。

〔図表1-2〕改正の概要

	平成26年12月まで	平成27年1月以後
定額控除 ＋ 法定相続人比例控除	5,000万円 ＋ 1,000万円×法定相続人の数	3,000万円 ＋ 600万円×法定相続人の数

〔図表1－3〕遺産に係る基礎控除額の変遷

期間	基礎控除額
昭和33年～昭和36年	150万円＋30万円×法定相続人の数
昭和37年～昭和38年	200万円＋50万円×法定相続人の数
昭和39年～昭和40年	250万円＋50万円×法定相続人の数
昭和41年～昭和47年	400万円＋80万円×法定相続人の数
昭和48年～昭和49年	600万円＋120万円×法定相続人の数
昭和50年～昭和62年	2,000万円＋400万円×法定相続人の数
昭和63年～平成3年	4,000万円＋800万円×法定相続人の数
平成4年 ～平成5年	4,800万円＋950万円×法定相続人の数
平成6年 ～平成26年	5,000万円＋1,000万円×法定相続人の数
平成27年～	3,000万円＋600万円×法定相続人の数

〔図表1－4〕基礎控除額[※1]と課税率の[※2]推移

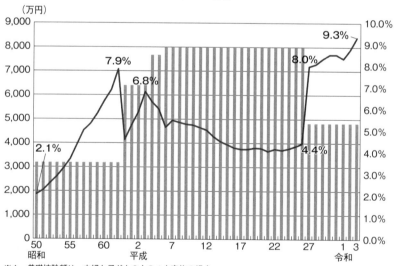

※1　基礎控除額は、夫婦と子ども2人の4人家族の場合
※2　課税率＝相続税のかかった被相続人数÷死亡者数

[出典] 国税庁および厚生労働省資料（参考）

4

　生命保険文化センターの「生命保険に関する全国実態調査(令和3年度)」を参考に、4人家族の世帯主に万一のことがあった場合を考えてみます。必要な生活資金は、平均総額で5,691万円とされており、遺産に係る基礎控除額（3,000万円＋600万円×3人＝4,800万円）を超えています。このことから、資産家といわれる一部の富裕層だけでなく、多くの一般家庭にとっても、相続税対策を意識する必要があるということが理解いただけると思います。

　相続税の負担を軽減するための対策には、いくつかの方法があります。たとえば、土地を保有している人であれば土地の有効活用が考えられますし、企業の経営者であれば自社株式対策などが考えられます。しかし、実際には何の対策も打たずに相続が発生してしまい、遺族が大変な目に遭っているケースも少なくありません。

　相続税の負担をする人が増えている今だからこそ、相続税対策について、真剣に考えてほしいところです。

（3）納税資金対策

　相続が発生すると、相続税の申告は、被相続人が死亡したことを知った日の翌日から10カ月以内に行うことになります〔**図表1－5**〕。

　相続税は、金銭で一度に納めるのが原則です。ただし、一定の要件を満たすときには、特別な納税方法として「延納」または「物納」を選択することもできます。延納は、相続税を何年かに分けて納めるもので、物納は、相続などで取得した財産そのもので納める方法です。

〔図表1－5〕相続発生から相続税の申告・納税まで

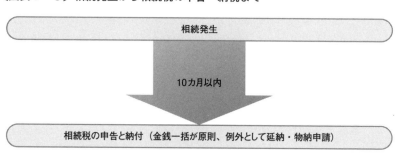

　物納は、延納によっても金銭で納付することを困難とする事由があり、かつ、その納付を困難とする金額を限度としています。さらに、物納申請ができる財産は、納付すべき相続税の課税価格の計算の基礎となった相続財産のなかで、その順位が決められています。後順位の財産は、税務署長が特別の事情があると認める場合や先順位の財産に適当な価額のものがない場合に限って、物納に充てることができます。

第1順位　不動産、船舶、国債、地方債、上場株式等（特別の法律により法人の発行する債券を含み短期社債等を除く）
第2順位　非上場株式等（特別の法律により法人の発行する債券を含み短期社債等を除く）
第3順位　動産

　ただし、この延納、物納の許可を受けるには、相続税の申告期限までに、税務署に所定の申請書などを提出する必要があります。
　「現金はあるけど、あまり必要ない土地があるからそこを物納します」といった、納税者側の都合はなかなか通りません。そこで、やはりある程度の現金を、納税資金に充てるために準備しておくことが必要になります。

　相続財産の内訳〔**図表1－6**〕をみると、被相続人が最も財産を保有していた平成4年では、全体の80.7％が不動産となっていましたが、令和3年では、不動産が相続財産に占める割合は38.7％と、大きく減少しています。一方、有価証券や現預金等の流動性資産が相続財産に占める割合は、平成4年の14.6％から令和3年には50.3％となっており、以前のように財産のほとんどが不動産という状況は大きく変わってきています。

　相続財産のうち、不動産の占める割合が低くなり、有価証券や現預金等の流動性資産の占める割合が高くなっているために、相続税の納税資金は十分だと思われるかもしれません。

〔図表1－6〕相続財産の内訳の推移

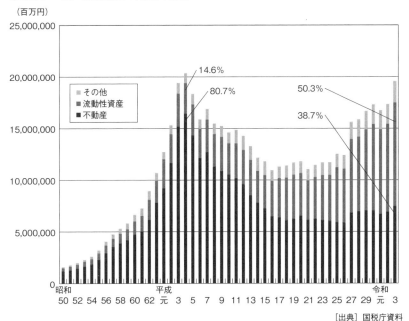

[出典] 国税庁資料

しかし、これは全体的な数字であり、個々の家庭で事情は異なっていることに注意が必要です。不動産中心であったり、財産のなかで自宅の占める割合が圧倒的であったりと事情はさまざまです。また、有価証券といっても企業経営者が保有する自社株式なども含んでいますから、売却ができない自社株式を多く保有している場合には、円滑な事業承継に必要となる資金に加えて、納税資金の準備も重要になります。

（4）二次相続対策

配偶者がいる人といない人とでは、納税資金対策に大きな差が生まれます。その大きな要因には、配偶者が生存している場合に適用が受けられる「配偶者の税額軽減」という制度があるためです。

配偶者の税額軽減

・配偶者の法定相続分までの財産取得なら相続税はかからない

・配偶者の法定相続分を超えた財産取得でも、1億6,000万円までなら
　相続税はかからない

たとえば、夫が死亡した時に、すでに妻が死亡している場合と、妻が生存している場合とで確認してみましょう〔巻末資料①参照〕。いずれも夫の相続財産は2億円、子ども2人、法定相続分で分け合うことを前提とします。

やはり配偶者（ケースでは妻）の有無の差が、税負担に大きな影響を与えていることがわかります。

すでに夫を亡くした妻のなかには、夫を亡くした際に「配偶者の税額軽減」受けたために、相続税を納めていなかった（納めなくてよくなった）ということを理解せず、自分が死亡したときも相続税はかからないと思っ

〈夫が先に死亡するケース〉

・夫死亡時：相続税額1,350万円　　妻死亡時：相続税額　770万円

〈妻が先に死亡するケース〉

・妻死亡時：相続税額　　　　0円　　夫死亡時：相続税額 3,340万円

ている人が多くいます。しかし、自分が死亡したときには、夫はすでに亡くなっているため本制度は使えません。結果、相続人となる子どもたちに相続税負担が発生することもあります。

　つまり、すでに配偶者が亡くなっている場合には、しっかりと相続対策を考えることが必要になります。

（5）生命保険という金融商品

　相続対策と、生命保険、特に死亡保障のための生命保険は非常に近い関係にあります。人がいつ死亡するかは、未来が予想できない限りわかりません。しかし、大数の法則で多くの人を集めてその可能性を探ってみると、「性別」「年齢」などによって一定の死亡率を求めることができます。これをまとめたものが、生命表です。

　生命保険は、生命表に基づいて組成される唯一の金融商品です。死亡保障のための生命保険商品で、生命表に基づかない商品は絶対にありません。死亡保障のための生命保険は、保障期間内に死亡が発生すれば確実に死亡保険金を受け取ることができます。

　たとえば、定期保険であれば、その保険の保障期間内に死亡が発生すれば死亡保険金を受け取ることができますが、保障期間が満了してしまった場合には何も受け取ることはできません〔図表1－7〕。

〔図表1－7〕定期保険のイメージ

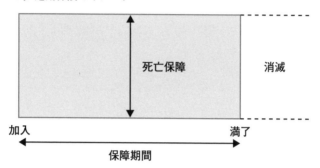

一方で、終身保険で準備した場合には、死亡がいつ発生しても必ず死亡保険金を受け取ることができます。そのため、相続対策として生命保険に加入する際には、終身保険への加入が一般的です〔図表1－8〕。

死亡保険金は、所定の請求手続を経てスピーディーに現金化することができます。そのため、相続税の納税資金に充当することを意識したうえで生命保険に加入する人も多く、こうした点からも「相続対策として生命保険は有効である」ということが理解できると思います。

〔図表1－8〕終身保険のイメージ

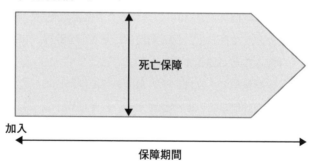

　もちろん、普通預金や定期預金、さらには国債や株式などのすぐに換金できる流動性資産にしておくほうがいい、という人もいるでしょうし、どうも保険は苦手で、という人もいます。しかし、生命保険の特徴・効果を知ることで、より目的に合致した対策が可能になると感じ、生命保険に加入する人も多くいます。その特徴は、「預金は三角、保険は四角」という言葉で表わされています〔**図表1−9**〕。

　死亡時に受け取ることができる財産で考えてみましょう。

　たとえば、毎月1万円積み立てる預金の場合、1回支払った後に死亡したときには、この1万円しか受け取ることができません。しかし、生命保険であれば、毎月保険料1万円で死亡保険金額が1,000万円の保険の場合、1回目を支払った後に死亡したときであっても、1,000万円を受け取ることができます。

　生命保険という商品が「一人は万人のために、万人は一人のために」という相互扶助の商品であることから、こういった効果が得られるのです。

〔**図表1−9**〕**預金と保険の違いのイメージ**

三角　　　　　　　　　　　　　　四角

このように、月払いや年払いなどの平準払いの生命保険では、現時点において相続税の納税に必要な現預金を持っていなくても、万一の際の死亡保険金で納税資金を準備することができます。これこそ、相続税の納税資金準備として生命保険が活用される大きな理由のひとつです。

2 生命保険の契約形態の選択

（1）死亡保険金に対する課税

　生命保険は、１人だけでは加入できない金融商品です。なぜなら、自分に保険をかけよう（＝被保険者）と考え、保険料を負担する本人（＝契約者）が生命保険に申し込んだとしても、死亡時には本人の死亡保険金を受け取る（＝死亡保険金受取人）ことができないからです。

　つまり、「被保険者＝死亡保険金受取人」はあり得ないということです。一部の保険会社では、こういった設定もできるようですが、設定で「被保険者＝死亡保険金受取人」となっていても、現実には死亡保険金を受け取ることはできず、実際には死亡保険金受取人の法定相続人が受け取ることになります。

　このように考えると、生命保険には、必ず自分（被保険者）以外の人が関係することになります。そして、同じ死亡保険金を受け取っても、契約者、被保険者、死亡保険金受取人がだれかによって、課税される税金の種類が違ってくることになります〔**図表１−10**〕。

　この３パターンの生命保険契約では、被保険者は同じＡ（夫）です。一般的な生命保険の保険料は、被保険者の年齢と性別で決まっているため、この３パターンではだれが契約者になっているかを問わず、保障内容が同一の場合は同じ保険料になります。また、死亡保険金受取人もすべて同じＣ（子）になっていますので、生命保険会社に死亡保険金を請求する手続も同様で、生命保険会社から受け取る死亡保険金の金額も、通常は同額となります。

〔図表1-10〕死亡保険金に係る税金について

	契約者	被保険者	死亡保険金受取人	税金の種類
①	A（夫）	A（夫）	C（子）	相続税
②	B（妻）	A（夫）	C（子）	贈与税
③	C（子）	A（夫）	C（子）	所得税※・住民税

※ 平成25年から令和19年までの各年分の所得には、基準所得税額の2.1％相当額の復興特別所得税が課されます（本書において以下同様）。

　ところが、この保険の契約者、つまり生命保険の保険料を負担していた人がだれになっていたかによって、この死亡保険金に係る税金は3つの種類に分かれます。

　どのパターンが有利かについては、死亡者である被保険者の生命保険金を含んだ相続財産額や相続人、死亡保険金を受け取った死亡保険金受取人の収入などによって異なります。

　死亡保険金に係る税金の種類とそれぞれの計算方法は、一般的に次のように整理できます〔図表1-11〕。

　次ページのケース1を使って、実際の数値で計算してみます。

　この比較では、②＞③＞①の順で税負担が大きくなります。Aさんの死亡による死亡保険金を遺族により多く残すことを考えると、パターン①のような相続税が課される契約形態での加入を検討することが、まず一案として有用でしょう。

〔図表1-11〕死亡保険金に係る税金の種類と計算方法

	税金の種類	計算の方法
①	相続税	受取人が法定相続人の場合には、非課税限度額（500万円×法定相続人の数）が適用されます。
②	贈与税	「死亡保険金－基礎控除額（110万円）」で贈与税を計算します（暦年課税）。
③	所得税住民税	「死亡保険金－必要経費（既払込保険料相当額）－特別控除（50万円）」が一時所得、この金額を1/2した額を他の所得と合算し所得税の計算をします。

〈ケース1〉

家族構成：夫（A）・妻（B）・子ども（CとDともに18歳以上）

定期保険：死亡保険金　3,000万円　　既払込保険料相当額　100万円

被保険者＝A（相続財産は5,000万円）

死亡保険金受取人＝C（課税所得　0円）

	税額	算出根拠
①相続税	170万円	死亡保険金　　保険金の非課税限度額 3,000万円－　500万円×3人＝1,500万円 相続財産 5,000万円＋1,500万円＝6,500万円 　　　　　　　　　基礎控除額 6,500万円－（3,000万円＋600万円×3人）＝1,700万円 妻　1,700万円×1/2＝850万円 　　850万円×10％＝85万円 CおよびD　1,700万円×1/2×1/2＝425万円 　　　　　425万円×10％＝42.5万円 相続税額　85万円＋42.5万円＋42.5万円＝170万円 　　　　　　　　∴相続税は170万円を負担 ※　全財産での試算（配偶者の税額軽減前）
②贈与税	約1,036万円	死亡保険金　　基礎控除額　　税率※　　控除額※ （3,000万円－110万円）×45％－265万円＝約1,036万円 　　　　　　　　　∴贈与税は約1,036万円を負担 ※　贈与を受けた年の1月1日において、18歳以上の人が直系尊属から贈与を受けた場合
③所得税・住民税	約460万円	死亡保険金　　既払込保険料相当額　特別控除 （3,000万円　－　100万円　－　50万円）×1/2＝1,425万円 所得税：1,425万円×33％－153.6万円＝約317万円 住民税：1,425万円×10％＝約143万円 　　　　　　　∴所得税・住民税は約460万円を負担

　しかし、現実には、表面的な理由だけで、パターン②やパターン③を選択してしまっている人も多くいます。たとえば、生命保険に加入する人（＝

被保険者）が妻の場合、夫の勤めている会社では生命保険の保険料を給与天引きで加入できるので、夫を契約者として毎月の給与から保険料を負担しているというケースです。これは、給与天引きのほうが口座引落しの保険料の料率よりも低い設定になっており、毎月の負担も軽くなることが主な理由です。つまり、契約形態としては、「契約者＝夫」「被保険者＝妻」「死亡保険金受取人＝夫」という所得税・住民税がかかるパターン③となり、妻が死亡した場合には、夫の所得税・住民税の負担が増えることになります。

　さらには、妻のなかには自分の死亡保険金は夫ではなく、子どもに遺したいという人もいて、死亡保険金受取人を子どもに指定していることがあります。つまり、契約形態としては、「契約者＝夫」「被保険者＝妻」「死亡保険金受取人＝子」という贈与税がかかるパターン②です。この場合は、さらに税の負担額が大きい贈与税を負担することになります。

　このように、ケース1のような一般的な家庭の場合、相続税がかかるパターン①での保険加入が有利となります。

　ところが、次のケース2の家庭の場合はどうでしょうか。

〈ケース2〉

家族構成：夫（A）・子ども（CとDともに18歳以上）

終身保険：死亡保険金　6,000万円　　既払込保険料相当額　5,000万円

被保険者＝A（相続財産は3億円）

死亡保険金受取人＝C（課税所得　0円）

	税額	算出根拠
①相続税	2,000万円	死亡保険金　　保険金の非課税限度額 6,000万円－　500万円×2人＝5,000万円 相続財産 3億円＋5,000万円＝3億5,000万円 3億円の相続財産の相続税額は6,920万円 3.5億円の相続財産の相続税額は8,920万円 　8,920万円－6,920万円＝2,000万円 　　　　　　　　　　∴相続税は2,000万円を負担
②贈与税	約2,600万円	死亡保険金　　基礎控除額　　税率※　　控除額※ (6,000万円－110万円）×55％－640万円＝約2,600万円 　　　　　　　　　　∴贈与税は約2,600万円を負担 ※　贈与を受けた年の1月1日において、18歳以上の人が直系尊属から贈与を受けた場合
③所得税・住民税	約100万円	死亡保険金　　既払込保険料相当額　　特別控除 (6,000万円　－　5,000万円　－　50万円）×1/2＝475万円 所得税：475万円×20％－42.75万円＝約52万円 住民税：475万円×10％＝約48万円 　　　　　　　　　　∴所得税・住民税は約100万円を負担

　この比較では、②＞①＞③の順で税負担が大きくなります。ケース2の場合は、パターン③になるような所得税・住民税がかかる契約形態での加入が好ましいと思われます。

　一般的には、相続税がかかるパターン①を選択したほうが税負担上は有利だとよくいわれています。しかし、相続財産を相当保有しているときに、死亡保険金が大きい商品に加入していると、死亡保険金(非課税限度額(500

万円×法定相続人の数）を超えた部分）は相続財産を増加させることになり、相続税の負担が増加することになります。

　一方、所得税・住民税がかかるパターン③を選択した場合は、一時所得となり、まず支払った保険料相当額を必要経費として差し引くことができ、そこから50万円の特別控除を差し引いた金額が一時所得の金額になります（その年中にほかに一時所得がない場合）。そして、所得税・住民税の課税は、この一時所得の金額を2分の1した金額が課税対象になります。たとえば、加入後すぐに死亡が発生し、支払った保険料は数万円といった場合であっても、実際に受け取った死亡保険金のうち課税対象になる金額は半額以下になります。

　このように、相続財産が多額のとき、配偶者が先に死亡しているため配偶者の税額軽減が適用できないときなどの際には、所得税・住民税タイプのほうが税負担上有利になることもあります。相続対策として終身保険に加入する際には、契約形態をよく検討する必要があるといえます。

（2）相続税の課税対象となる死亡保険金での注意事項

　相続税は、受け取った死亡保険金が相続税タイプの課税であった場合には、他の相続財産と合算して課税することが必要になります。これは、だれが受け取った場合でも同様です。

　死亡保険金を、特定の人、たとえば離婚した前妻に遺したいという人もいます。理由としては、死亡してしまった場合に、養育費を支払うことができないので離婚協議のなかで死亡保障についてはそのまま維持するという取り決めをするケースや、事情があって離婚はしたが、前妻に対してもその後の生活に責任を感じており死亡保障をそのまま継続したいといった気持ちによることが多いようです。

〔図表1−12〕死亡保険金に相続税が課される場合の非課税限度額

契約者	被保険者	死亡保険金受取人	税金の種類
A（夫）	A（夫）	B（妻）	相続税（非課税限度額の適用可）
A（夫）	A（夫）	D（前妻）	相続税（非課税限度額の適用不可）

　この前妻が受け取った死亡保険金は「契約者＝A（夫）」「被保険者＝A（夫）」なので、たしかに相続税の課税対象となりますが、死亡保険金受取人が法定相続人ではない（前妻は配偶者ではない）ため、死亡保険金に係る非課税限度額が適用されない、さらに相続税額の2割加算がある点には注意が必要です〔図表1−12〕。

（3）死亡保険金を年金で受け取る場合

　死亡保険金は、年金で受け取ることもできます。この受け取った年金は、所得税の対象とされるタイプと、相続税の対象とされるタイプに分けられます。

①所得税タイプ（契約者＝死亡保険金受取人）

　契約者と死亡保険金受取人が同一人であるパターンです。受取方法の選択時期に応じて課税の取扱いが異なります。

　所得税タイプのため、自らに所得税が課されることになるのは同様ですが、年金受取りとすることを支払事由発生前に選択していたかどうかで、死亡保険金受取時に一時所得としての課税対象になるか・ならないかが異なり、年金受取時の雑所得の金額にも差が生じます〔図表1−13〕。

②相続税タイプ（契約者＝被保険者）

　契約者と被保険者が同一人であるパターンです。こちらも受取方法の選択時期に応じて課税の取扱いが異なります〔図表1−14〕。

〔図表１－13〕所得税タイプでの課税の取扱い

	保険金支払事由発生時	年金受取時
契約者が保険金支払事由発生前に年金払いを選択	課税なし	個人年金保険の受取りと同様の計算方法 雑所得＝年金年額－必要経費 必要経費＝年金年額×必要経費割合※ ※ 必要経費割合＝ $\dfrac{既払込保険料総額}{年金受取総額}$
死亡保険金受取人が保険金支払事由発生後に年金払いを選択	保険金の額に対して一時所得として課税 一時所得の課税額＝ （保険金－既払込保険料総額 　　　　　－50万円）×1/2	保険金の額を基に必要経費を計算 雑所得＝年金年額－必要経費 必要経費＝年金年額×必要経費割合※ ※ 必要経費割合＝ $\dfrac{受取保険金額}{年金受取総額}$

〔図表１－14〕相続税タイプでの課税の取扱い

	保険金支払事由発生時	年金受取時
契約者が保険金支払事由発生前に年金払いを選択	相続税法24条の規定により評価した金額に相続税が課される	所得税法施行令185条の規定により計算される
死亡保険金受取人が保険金支払事由発生後に年金払いを選択	保険金の額に対して相続税が課される	保険金の額を基に必要経費を計算 雑所得＝年金年額－必要経費 必要経費＝年金年額×必要経費割合※ ※ 必要経費割合＝ $\dfrac{受取保険金額}{年金受取総額}$

　なお、相続税タイプの場合で、契約者が当初から死亡保険金を年金で受け取ることを選択している場合については、死亡発生時の相続税評価の方法が平成22年度税制改正で変更されました。現在の評価は、相続税法24条により次のように評価します。

（a）有期定期金

　次のうち、いずれか多い金額で評価します。

（ⅰ）解約返戻金

（ⅱ）一時金で受け取るとしたときの金額

（ⅲ）受け取る期間に応じ、年金額に予定利率による複利年金現価率を
　　　乗じて得た金額

（ｂ）終身定期金

次のうち、いずれか多い金額で評価します。

（ⅰ）解約返戻金

（ⅱ）一時金で受け取るとしたときの金額

（ⅲ）平均余命に応じ、年金額に予定利率による複利年金現価率を乗じ
　　　て得た金額

　このうち（ⅱ）については、たとえば「300万円×10年＝3,000万円」
とした場合、この年金で受け取ることができる金額を一時金で受け取る際
には、年金現価率を乗じて計算します。たとえば、予定利率1.5％での年
金現価率を9.444とすると、「300万円×9.444≒約2,833万円」になります。

（4）年金受取時の課税

　平成22年7月に、契約者が当初から年金で受け取ることにしていた死
亡保険金を年金形式で受け取る生命保険金に対して、「相続税の課税対象
となった部分については、所得税の課税対象とならない」とする最高裁の
判決がありました。従来は、相続税の課税対象になった部分も含めて所得
税の課税対象となっていましたが、この判決を受けて、平成22年10月か
ら所得税の取扱いが一部変更になりました。つまり、相続税または贈与税
と、所得税は「二重に課税対象としない」という変更です。

　この変更により、死亡保険金を年金形式で受け取る生命保険金について
は、年金を所得税の「課税部分」と「非課税部分」に振り分け、課税部分
の所得金額のみが所得税・住民税の課税対象となります〔**図表1－15**〕。

〔図表1－15〕所得税法施行令185条の規定による課税のイメージ

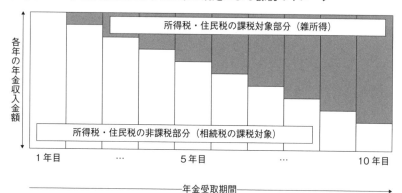

※　各年の年金収入金額を、所得税・住民税の課税対象部分と非課税部分に振り分けます。

　年金受取りの1年目は全額非課税で、2年目以降、所得税・住民税の課税部分が徐々に増加していく簡易な方法で計算されます。前例で計算してみましょう。

　「300万円×10回＝3,000万円」を保険金支払事由発生時にすでに相続税が課税されている2,833万円部分と、課税されていない167万円部分に区分し、この167万円部分について、2年目以降は徐々に課税される金額が増加していくことになります。

　具体的には、167万円を9年（45マス）に分けて課税対象額を計算します。つまり、4年目であれば「約3万7,000円×3＝約11万1,000円」が課税対象というように計算します。

10年×（10年－1）÷2＝45マス　167万円÷45マス≒約3万7,000円

年度	1	2	3	4	5	6	7	8	9	10
マス	0	1	2	3	4	5	6	7	8	9

Case Study ❶

概要 》》》

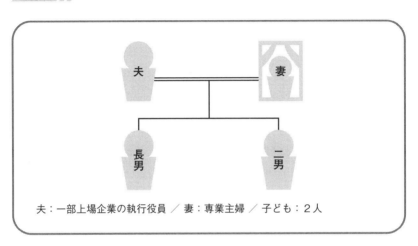

夫：一部上場企業の執行役員 ／ 妻：専業主婦 ／ 子ども：2人

〈夫婦が加入していた保険契約〉

契約者	被保険者	死亡保険金受取人	保険種類	保険金額
夫	夫	妻	定期保険特約付終身保険	5,000万円
夫	夫	妻	団体定期保険	4,000万円
夫	妻	夫	定期保険特約付終身保険	3,000万円
夫	妻	夫	団体定期保険	800万円

　夫婦は、加入する生命保険において、すべての契約者を「夫」として、夫の給与口座から天引きしていました。理由としては、「妻が専業主婦であること」「給与引き去りのほうが支払う保険料が安くなる」というメリットがあるからで、その他、特段の理由はありませんでした。

令和5年7月、妻は53歳の若さで、がんにより他界しました。

夫は、妻を被保険者とした2つの生命保険から死亡保険金を合わせて3,800万円ほど受け取る一方、妻には相続財産がほとんどないため相続税は課税されないと考え、また、自身の所得税（その年の課税所得1,300万円）も年末調整で終わっていたので、確定申告もしませんでした。

妻の死亡保険金を受け取ってから半年以上が経ったころ、税務署から連絡がありました。夫が受け取った死亡保険金は、一時所得であり、その年の給与と合算して確定申告をすべきところをしていなかったので、その分の追徴と延滞税の支払を請求されたのです。

妻の死、思わぬ税負担の発生、二重の悲しみに陥った事例です。

〈参考〉
・定期保険特約付終身保険：既払込保険料相当額150万円
・団体定期保険の既払込保険料：3万円（1年更新のため必要経費は少ない）
・夫のその年の課税所得：1,300万円

〈死亡保険金受取前の夫の所得税額〉

1,300万円 × 33% − 153.6万円 = 275.4万円

…この分について当初納税

〈死亡保険金（一時所得）受取後の本来納めるべき所得税額〉

$\{(3,000万円 + 800万円) − (150万円 + 3万円) − 特別控除50万円\}$
× 1/2 = 1,798.5万円

(1,300万円 + 1,798.5万円) × 40% − 279.6万円 = 959.8万円

〈差額〉

959.8万円 − 275.4万円 = 684.4万円

…追徴の対象となった金額

ポイント >>>

　今回のポイントは、「契約者・死亡保険金受取人＝夫」の契約形態は、死亡保険金受取時の課税が所得税（一時所得）になるということです。

　団体定期保険は、廉価な保険料で死亡保障を準備でき、勤務する従業員とその配偶者であれば、本人4,000万円・配偶者800万円などというような加入ができます。しかし、団体定期保険の場合、企業に勤務している人（今回は夫）が、必ず「契約者」となるため、配偶者（今回は妻）を被保険者として加入し死亡保険金を受け取ると、夫の「一時所得」となります。団体定期保険で死亡保障を準備する場合には、この点について確認する必要があります。

　加えて、団体定期保険の場合、一般の生命保険と比べると、毎月の支払保険料が給与引き去りで安いかもしれませんが、その分、既払込保険料が少なくなるため、死亡事故が発生した場合の所得税の負担が大きくなることがあります。

　そのため、妻に大きな相続財産がない場合、個人で加入する一般の生命保険では「契約者＝配偶者（今回は妻）」とする生命保険への加入を検討すべきといえます。

　今回のケースでいえば、被保険者を妻とする定期保険特約付終身保険の契約者が対象になります。

契約者	被保険者	死亡保険金受取人	保険種類	保険金額
妻	妻	夫	定期保険特約付終身保険	3,000万円

　上記のような契約形態にしておけば、受け取った死亡保険金への課税は相続税となるため、ほかに相続財産がない場合には、遺産に係る基礎控除額（3,000万円＋600万円×3人＝4,800万円）の範囲内となるので、夫は税

金の負担なしに死亡保険金を受け取ることができます。

　目先の保険料だけでなく、死亡が発生して死亡保険金を受け取った場合まで考えて加入することが必要です。

3　生命保険と相続税

（1）みなし相続財産

　生命保険は、複数の人が関係することで成立します。契約者としての立場もあれば、被保険者としての立場もあり、また、死亡保険金受取人としての立場もあります。つまり、生命保険を契約しているといっても、どの立場で契約しているかを確認しなければなりません。

　生命保険は、被保険者の死亡に伴って死亡保険金が支払われます。そのため、契約者と被保険者が同一人になっている「相続税タイプ」の保険の場合、死亡保険金の受取時には、契約者も被保険者も死亡しているので、死亡保険金が相続財産に含まれることになります。

　ところが、契約者と被保険者が相違するタイプの生命保険の場合、契約者が死亡した場合であっても、被保険者が死亡したわけではありません。そのため、保険契約は継続することになります。この場合の生命保険は、その時点での解約返戻金相当額が、死亡した契約者に係る本来の相続財産として課税対象となります。

　契約者が死亡した場合の財産区分は、〔図表1－16〕のとおりです。パターン①は、民法では相続財産にはあたらないとされていますが、相続税法では相続財産とみなして相続税の課税対象となります。そのため、「み

〔図表1－16〕契約者が死亡した場合の財産区分

	契約者	被保険者	死亡保険金受取人	財産の区分
①	A（夫）	A（夫）	C（子）	みなし相続財産
②	A（夫）	B（妻）	C（子）	本来の相続財産
③	A（夫）	C（子）	A（夫）	本来の相続財産

なし相続財産」と呼ばれており、パターン②や③の「本来の相続財産」とは異なった取扱いになります。もし、死亡保険金を年金として受け取ることをあらかじめ決めていた場合には、前述の相続税法24条により評価された金額が、みなし相続財産として相続税の課税対象となります。

被相続人の死亡を原因として相続人に支払われるみなし相続財産とされる死亡保険金や年金は、この被相続人の本来の固有財産ではないため、「遺産分割協議や遺留分の対象にならない」という本来の相続財産とは大きく異なる特徴があります。後述しますが、これがそうぞく対策として生命保険を活用する際の大きなポイントになります。

（2）本来の財産となる生命保険

被保険者が死亡しておらず、「契約者≠被保険者≠死亡保険金受取人」の贈与税がかかるパターン、「契約者＝死亡保険金受取人≠被保険者」の所得税がかかるパターンに加入していた契約者が死亡した場合、「本来の相続財産」として、相続人は、当該生命保険契約としての権利を相続することになります。

そして、その評価は、財産評価基本通達214で評価することになっています。

（財産評価基本通達214）

相続開始の時において、まだ保険事故が発生していない生命保険契約に関する権利の価額は、相続開始の時において当該契約を解約するとした場合に支払われることとなる解約返戻金の額（解約返戻金のほかに支払われることとなる前納保険料の金額、剰余金の分配額等がある場合にはこれらの金額を加算し、解約返戻金の額につき源泉徴収され

> るべき所得税の額に相当する金額がある場合には当該金額を減算した
> 金額）によって評価する。

　つまり、解約して受け取る金額で評価するということです。この評価は、
「本来の相続財産」になるため、ほかの金融財産などと同様の取扱いにな
ります。

　また、年金の場合には、年金が開始するまでは上記の生命保険と同様の
取扱いですが、年金が開始した後の取扱いは次のとおりになります。

（a）有期定期金

　次のうち、いずれか多い金額で評価します。

（ⅰ）解約返戻金

（ⅱ）一時金で受け取るとしたときの金額

（ⅲ）受け取る期間に応じ、年金額に予定利率による複利年金現価率を
　　　乗じて得た金額

（b）終身定期金

　次のうち、いずれか多い金額で評価します。

（ⅰ）解約返戻金

（ⅱ）一時金で受け取るとしたときの金額

（ⅲ）平均余命に応じ、年金額に予定利率による複利年金現価率を乗じ
　　　て得た金額

（3）支払調書

　一定の生命保険契約については、生命保険会社から税務署に支払調書が
提出されています。

〔図表1－17〕支払調書の提出事由等

提出事由	死亡保険金等の支払	死亡による契約者変更
提出期限	所得税：支払確定日の翌年1月31日 相続税：支払日の翌月15日	契約者変更日の翌年1月31日
提出不要基準	一時金100万円以下 年金20万円以下（年間）	解約返戻金相当額100万円以下
記載事項	・受取人の氏名・住所・個人番号 ・契約者の氏名・住所・個人番号 ・支払時の契約者の直前の契約者の氏名・住所 ・契約者変更の回数 ・被保険者の氏名・住所 ・保険金額（解約の場合は解約返戻金相当額） ・既払込保険料（総額） ・支払時の契約者の既払込保険料	・死亡した契約者の氏名・住所・死亡日 ・新契約者の氏名・住所 ・解約返戻金相当額 ・既払込保険料（総額） ・死亡した契約者の既払込保険料 ・保険事故発生年月日

　支払調書は以前から提出されていましたが、平成30年1月からは、支払調書の提出事由、記載事項が大きく変更されました。

　死亡保険金受取人が死亡保険金を受け取った場合だけでなく、死亡により契約者変更を行った場合などについても提出が必要になり、保険金を受け取った場合などは、過去の契約者変更についての記載も行われるようになっています〔図表1－17〕。

Case Study ❷

概要 》》

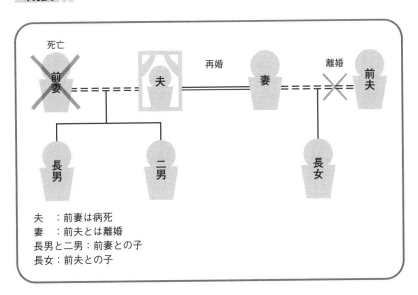

夫　：前妻は病死
妻　：前夫とは離婚
長男と二男：前妻との子
長女：前夫との子

　夫は、前妻が病気で死亡した後も、子育てと仕事の両立をしてきました。数年前、現在の妻と再婚し、再婚相手の連れ子である長女も含めて、家族5人での生活が始まりました。

　夫婦は、結婚と同時にお互いの連れ子を養子縁組しようとしましたが、当時高校生で反抗期でもあった二男だけは、妻との養子縁組を拒み、現在も二男と妻の養子縁組はできていない状況です。

　このような状況のなか、夫が死亡し、相続が発生しました。

夫の財産は、自宅（土地建物）が中心で、現預金はほとんどなく、次のような保険に加入している程度でした。

〈夫婦が加入していた生命保険〉

契約者	被保険者	死亡保険金受取人	保険種類	保険金額
夫	夫	妻	一時払終身保険	1,500万円
夫	夫	妻	医療保険	―
夫	妻	夫	月払終身保険	1,000万円
夫	妻	夫	医療保険	―

相続財産が自宅中心であったので、遺産分割も難しく、おおいに揉めてしまいましたが、二男と長女も最終的には納得し、結局、死亡保険金を除く財産を長男が相続することで遺産分割協議が成立しました。

夫を被保険者とする生命保険については、妻が死亡保険金受取人として指定されており、この保険金は、受取人固有の財産として遺産分割協議の対象にはならないため、妻が受け取りました。

妻は自分を被保険者にした2つの保険についても、当然に自分のものと思い、生命保険会社に「契約者変更」を申し出たところ、法定相続人である長男、二男、長女、妻のすべての相続人が納得している証明書が必要と説明されました。そのことを、ほかの相続人に話したところ、二男は「分けるのが当然だ！」と主張し、せっかくまとまった遺産分割協議にも異議を唱えだし、遺産分割協議もやり直しという事態に発展してしまいました。

ポイント

今回のポイントは、「被保険者を妻とする保険については、課税にだけ注目するのではなく、被保険者である妻が生存しており、契約者である夫

が死亡した保険は遺産分割協議の対象になる」ということです。

　被保険者が生存しており、契約者が死亡した保険は、遺産分割協議の財産のなかに含んで、相続人で協議したうえで分ける必要があります。

　生命保険は、被保険者が死亡していない限り継続します。つまり、本来の財産として現預金などと同様の取扱いになることを、認識しておく必要があります。

　今回のケースでは、以下のように契約当初から「契約者＝妻」として加入しておけば、妻は自分の万一に備えることもでき、将来、二男と養子縁組をする際のきっかけにできたかもしれません。いずれにせよ、相続の際に生じてしまった今回のようなトラブルは生じなかったと思われます。

契約者	被保険者	死亡保険金受取人	保険種類	保険金額
妻	妻	夫	月払終身保険	1,000万円
妻	妻	夫	医療保険	―

　「普段の生活費は夫の口座だから」などの理由から、夫を契約者とした契約にするケースもあります。しかし、死亡後のことも考慮して、上表のような契約形態での加入を検討しましょう。

4 死亡保険金の非課税限度額（相続税法12条）の活用

（1）非課税限度額の計算方法

　生命保険の死亡保険金には、契約形態によって「一定金額を相続税の課税価格に算入しない」という制度があります。これは、契約者と被保険者が同一人で、その死亡保険金を相続人が受け取った場合、「500万円×法定相続人の数」までは非課税限度額の適用が受けられるというものです。

（相続税法12条）

　次に掲げる財産の価額は、相続税の課税価格に算入しない。

五　相続人の取得した第3条第1項第1号に掲げる保険金（前号に掲げるものを除く。以下この号において同じ）については、イ又はロに掲げる場合の区分に応じ、イ又はロに定める金額に相当する部分

　イ　第3条第1項第1号の被相続人のすべての相続人が取得した同号に掲げる保険金の合計額が500万円に当該被相続人の第15条第2項に規定する相続人の数を乗じて算出した金額（ロにおいて「保険金の非課税限度額」という）以下である場合当該相続人の取得した保険金の金額

　ロ　イに規定する合計額が当該保険金の非課税限度額を超える場合当該保険金の非課税限度額に当該合計額のうちに当該相続人の取得した保険金の合計額の占める割合を乗じて算出した金額

　この非課税限度額の対象になる死亡保険金には、相続を放棄した人が受け取った金額は加算されません。ただし、他の相続人が受け取った死亡保険金の非課税限度額の計算においては、この相続を放棄した人も含めて法定相続人の数を数えます。

　たとえば、相続人が妻と子（長男、長女）のケースでみてみましょう。

〈だれも相続放棄をしていないケース〉

契約者＝夫、被保険者＝夫、死亡保険金受取人＝妻

　死亡保険金　　　4,000万円

　非課税限度額　　500万円×3人＝1,500万円

　課税対象　　　　4,000万円－1,500万円＝2,500万円

〈死亡保険金受取人である長女が相続放棄をしたケース〉

契約者＝夫、被保険者＝夫、死亡保険金受取人＝長女（相続放棄）

　死亡保険金　　　4,000万円

　非課税限度額　　500万円×3人＝1,500万円

　課税対象　　　　4,000万円－0円＝4,000万円

〈死亡保険金受取人ではない長男が相続放棄をしたケース〉

契約者＝夫、被保険者＝夫、死亡保険金受取人＝妻

子ども2人のうち長男が相続放棄

　死亡保険金　　　4,000万円

　非課税限度額　　500万円×3人＝1,500万円

　課税対象　　　　4,000万円－1,500万円＝2,500万円

さらに、各相続人が、それぞれ死亡保険金を受け取ったケース（相続人が妻と子（長男、長女）、長女のみ相続放棄）を考えてみます。

〈長女が相続放棄をしたケース〉

契約者＝夫、被保険者＝夫

死亡保険金受取人：妻2,000万円　長男1,000万円　長女1,000万円

死亡保険金　4,000万円

非課税限度額　500万円×3人＝1,500万円

課税対象

妻　　2,000万円 − 1,500万円 × $\dfrac{2,000万円}{3,000万円}$ ＝1,000万円

長男　1,000万円 − 1,500万円 × $\dfrac{1,000万円}{3,000万円}$ ＝500万円

長女　1,000万円（相続放棄のため非課税限度額の適用はない）

（2）死亡保険金の非課税限度額の変遷

死亡保険金の非課税限度額については、過去に何度も変更が行われています〔図表1−18〕。

死亡保険金の非課税限度額の適用を受けることは、相続税対策の基本であると同時にとても有効な手段です。特に、前述のとおり平成27年以後は相続税の遺産に係る基礎控除額が引き下げられているため、この非課税限度額の適用については、しっかりと検討しましょう。

ただし、これまでの変遷からいえば、非課税限度額の規定が変更された場合、新しい非課税限度額が、契約日ではなく変更日から適用されている点は気をつけておきたいところです。

〔図表 1 － 18〕非課税限度額の変遷

期間	非課税限度額
明治 38 年～昭和 12 年	全額非課税
昭和 13 年～昭和 21 年	5,000 円まで非課税
昭和 22 年	保険金＋退職手当金　3 万円まで非課税
昭和 23 年～昭和 24 年	保険金＋退職手当金　5 万円まで非課税
昭和 25 年	廃止
昭和 26 年	受取人 1 人につき　10 万円まで非課税
昭和 27 年	受取人 1 人につき　20 万円まで非課税
昭和 28 年	受取人 1 人につき　30 万円まで非課税
昭和 29 年～昭和 39 年	受取人 1 人につき　50 万円まで非課税
昭和 40 年～昭和 41 年	受取人 1 人につき　100 万円まで非課税
昭和 42 年～昭和 45 年	法定相続人 1 人につき　100 万円まで非課税
昭和 46 年～昭和 49 年	法定相続人 1 人につき　150 万円まで非課税
昭和 50 年～昭和 62 年	法定相続人 1 人につき　250 万円まで非課税
昭和 63 年～	法定相続人 1 人につき　500 万円まで非課税

（3）完全防衛額

　生命保険は、納税資金準備としても非常に有効です。

　なぜなら、相続税の納税には物納や延納による方法があるものの、原則は金銭で一括納付する必要があるからです。そのため、流動性資産としての現預金をある程度準備しておく必要があります。

　生命保険には、現預金などと比較しても優れた機能・役割があります。

　現預金をそのまま預貯金口座に入れておくよりも、利率や税金の面で有利なことは多く、万一の備えにもなります。さらに、死亡保険金は受取人固有の財産のため、必要に応じて受取人が請求することができます。これらの理由から、生命保険で納税資金準備を考える人は多くいます。

　ただし、注意事項もあります。この納税資金の準備として、契約者と被

保険者を同一人とする「相続税タイプ」で生命保険に加入した場合、前述の死亡保険金の非課税限度額を超えた金額は相続税の課税対象になるということです。この金額が大きくなった場合、死亡保険金を受け取ったことで相続財産が増加してしまうため、その納税資金についても考えておく必要性が生じます。このとき、増加分の納税資金も含めて生命保険ですべてをまかなうための金額を、一般に「完全防衛額」と呼んでいます。

たとえば、法定相続人が妻と子ども２人で、相続財産を３億円と仮定しましょう。夫が死亡し、法定相続分どおりに相続したとすると、相続税額は2,860万円になるため、死亡保険金として2,860万円を準備するとします。しかし、相続人が受け取った死亡保険金の非課税限度額は「500万円×法定相続人の数（３人）＝1,500万円」で、死亡保険金として準備した2,860万円との差額である1,360万円は相続財産となります。そのため、保険金を受け取った場合の相続財産は３億1,360万円となり、相続税は3,098万円となります。つまり、相続税額が増加してしまうため、３億円の財産を遺すために2,860万円の生命保険に加入することで相続税額を用意したのでは不足するというわけです〔図表１−19〕。

そこで、死亡保険金3,148万円の生命保険に加入すると、非課税限度額を超えた1,648万円が課税対象になり、相続税額がちょうど3,148万円になります。このように、当初から増加する相続税額を加味した生命保険に加入して納税資金を準備することを「完全防衛額を用意する」といいます〔巻末資料②参照〕。

相続財産が増加すると、完全防衛額が相続財産以上に必要になることもあり、生命保険を活用した相続税対策を考える場合で、その人の資産残高が大きすぎるときには、「相続税タイプ」の生命保険では限界があるといえます。

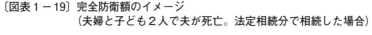

〔図表１－19〕完全防衛額のイメージ
　　　　　　　　（夫婦と子ども２人で夫が死亡。法定相続分で相続した場合）

3億円	＋	2,860万円	－	3,098万円	＝	2億9,762万円
相続財産		保険金額		相続税額		手取遺産額
3億円	＋	3,148万円	－	3,148万円	＝	3億円

（4）死亡保険金の非課税限度額の有効活用

　相続財産が１億円あっても、相続税がかからないようにするための方法として「配偶者の税額軽減」の活用が挙げられます。被相続人の配偶者は、遺産分割や遺贈により実際にもらった正味の遺産額が法定相続分の範囲内であれば税金がかかりません。また、たとえ法定相続分を超えて相続しても、１億6,000万円までは税金がかかりません。

　この知識があるがため（教えてもらったがため）に、被相続人の死亡保険金の全額を配偶者が受け取らなくてはならないと思い込んでいる人も多くいます。しかし、子どもを死亡保険金の受取人としている場合であっても、受け取る死亡保険金が非課税限度額の範囲内のときには相続税の課税対象にはならず、相続人全員が負担する相続税額が下がることもあります。ただし、子どもが相続人でないと非課税限度額の適用は受けられないため、相続の放棄や相続権を失っていないことに留意する必要があります。

Case Study 3

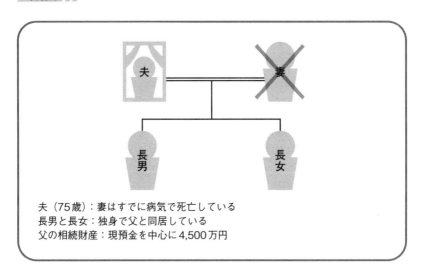

夫（75歳）：妻はすでに病気で死亡している
長男と長女：独身で父と同居している
父の相続財産：現預金を中心に4,500万円

〈夫が加入していた生命保険〉

契約者	被保険者	死亡保険金受取人	保険種類
夫	夫	妻	定期保険特約付終身保険

　加入していた生命保険は、定期保険特約付終身保険で、終身の医療保障
も付加されていた商品でした。保険料の払込みは、夫の退職に合わせて
65歳に設定されており、すでに終了しています。

　定期保険特約は、払込終了後に更新ができないため、最終的には終身
保険に医療保障が付加されたタイプの生命保険になっていました。結果、

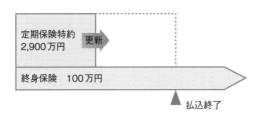

死亡保障は終身保険部分だけで、その死亡保障額は100万円でした。

　このような状況のなか、父である夫が他界しました。長男と長女が、保険会社に確認したところ、死亡保険金受取人を死亡した妻から変更しておらず、そのため、保険約款では妻の法定相続人が死亡保険金受取人となるため、死亡保険金100万円については、長男と長女が平等に受け取ることになる旨が伝えられました。

　そして、相続に伴い、相続財産と受け取る死亡保険金の合計は相続税の基礎控除額を上回り、長男と長女には相続税負担が生じました。

〈相続税の計算〉

100万円＜500万円×2人＝1,000万円

4,500万円－(3,000万円＋600万円×2人)＝300万円

長男：300万円×1/2＝150万円　→　150万円×10％＝15万円

長女：300万円×1/2＝150万円　→　150万円×10％＝15万円

∴長男、長女ともに15万円の相続税負担

ポイント

　今回のポイントは、「相続財産のほとんどを占めている現預金を生前に

一時払終身保険等に加入して資産シフトをしておけば、死亡保険金に係る非課税限度額の活用が受けられる点を考慮していれば…」ということです。

　今回のケースは、死亡保険金受取人が妻から変更されていなかったので、妻の法定相続人である長男と長女が死亡保険金受取人になりました。幸い、相続財産が現預金中心であったので、2人で平等に分けることでトラブルにはならなかったものの、相続財産が土地建物を中心とした場合には、取得する相続財産の分配で揉めることが予想されます。

　そのため、死亡保険金の受取人は、故人の希望や財産の内訳などを考えたうえで、明確にしておきたいものです。

　さて、今回のケースで、夫（父）が、現預金を利用して一時払保険料900万円、死亡保険金900万円の一時払終身保険に加入していたらどうなるでしょうか。まず現預金から900万円が減り、加入していた生命保険100万円を加えて死亡保険金の非課税限度額（500万円×2人）の適用を受けることもできます。結果、相続財産3,600万円（(4,500万円－900万円)＋（100万円＋900万円）－500万円×2人）は、基礎控除額4,200万円（3,000万円＋600万円×2人）以下となり、相続税負担がない状況を生み出すことができます。さらに、相続税の申告も不要になります。

　財産をどのように遺すかのプランを考えていくなかで、生命保険の非課税限度額を活用することは、相続対策の第一歩となります。しっかりと検討するようにしましょう。

契約者	被保険者	死亡保険金受取人	保険種類	保険金額
夫	夫	長男・長女	一時払終身保険	900万円

さらに、同じケースで相続財産が7,500万円の場合も考えてみましょう。

〈相続税の計算〉

100万円＜500万円×2人＝1,000万円

7,500万円−（3,000万円＋600万円×2人）＝3,300万円

長男：3,300万円×1/2＝1,650万円　→　1,650万円×15％−50万円
= 197.5万円

長女：3,300万円×1/2＝1,650万円　→　1,650万円×15％−50万円
= 197.5万円

∴長男、長女ともに197.5万円の相続税負担

先ほどと同様に、夫（父）が900万円の一時払終身保険に追加加入していたケースも考えてみます。

〈相続税の計算〉

7,500万円−900万円−（3,000万円＋600万円×2人）＝2,400万円

長男：2,400万円×1/2＝1,200万円　→　1,200万円×15％−50万円
= 130万円

長女：2,400万円×1/2＝1,200万円　→　1,200万円×15％−50万円
= 130万円

∴長男、長女ともに130万円の相続税負担

上記のように、相続税の負担が発生する場合であっても、相続税の負担は、長男・長女ともに67.5万円少なくなり、2人を合計すると135万円も引き下げることが可能になります。

5 生命保険と贈与税

（1）生前贈与

　生命保険を活用した贈与が注目を浴びています。

　将来の相続税の支払に備えて、相続税を軽減する準備をしておきたいと考えている人は多いようです。相続財産を減少させることができれば、相続税の負担は軽減できます。そのための方法には、土地であれば貸家建付地評価とするためにアパート経営を行うなどの方法もありますが、財産のほとんどが現預金等の流動性資産の場合、相続税評価はそのまま時価評価となるため、相続財産としての評価を引き下げる有効な方法があまりないのが実情です。現預金等を別の財産に転換できればよいのですが、骨董品や貴金属類なども相続財産であり、ただ単に嗜好品を購入しても効果はほとんどありません。

　そのため、相続税の負担を軽減するための方法として、生前贈与を活用して相続財産を減らすことが効果的となります。

　生前贈与とは、生きているうちに自分の財産を無償で相手に与えることをいいます。なお、民法では、贈与を次のように定めています。

（民法549条）
贈与は、当事者の一方がある財産を無償で相手方に与える意思を表示し、相手方が受諾をすることによって、その効力を生ずる。

　つまり、贈与とは、贈与する人（贈与者）と、贈与を受ける人（受贈者）の双方が合意してはじめて成立する契約です。

（2）贈与税の課税方法と計算の基本

　贈与税は、個人から財産をもらったときにかかる税金です。

　贈与の方式、贈与税の計算にあたって押さえておくべき代表的な事項には、次のようなことがあります。なお、令和5年度の税制改正により、令和6年からの贈与に対する課税が変更されます。

①暦年課税

　一般的によく利用されている制度で、特別な制約がなく、生前に自分の財産を相手に渡すことのできるいわゆる「通常の贈与」です。

　その年の1月1日から12月31日までの1年間に贈与により取得した財産の価額の合計額から基礎控除額110万円を差し引き、残りの金額に税率を乗じて税額を計算します。平成27年1月以降、最高税率の引き上げや子どもや孫などがその直系尊属から贈与を受けた場合の贈与税の税率構造が変わりました〔**図表1－20**〕。

　たとえば、18歳以上の子どもや孫に贈与する財産の価額合計が、「110万円」「310万円」「520万円」のときの、贈与税額を計算してみます〔**巻末資料③参照**〕。

〈**110万円**〉のとき
　110万円－110万円＝0円
〈**310万円**〉のとき
　（310万円－110万円）×10％＝20万円
〈**520万円**〉のとき
　（520万円－110万円）×20％[※]－30万円[※]＝52万円
　※　贈与を受けた年の1月1日において、18歳以上の人が直系尊属から贈与を受けた場合の税率と控除額

〔図表1－20〕贈与税・相続税の速算表

〈贈与税の速算表〉

基礎控除後 の課税価格		一般		直系尊属	
		税率	控除額	税率	控除額
	200万円以下	10%	0円	10%	0円
200万円超	300万円以下	15%	10万円	15%	10万円
300万円超	400万円以下	20%	25万円		
400万円超	600万円以下	30%	65万円	20%	30万円
600万円超	1,000万円以下	40%	125万円	30%	90万円
1,000万円超	1,500万円以下	45%	175万円	40%	190万円
1,500万円超	3,000万円以下	50%	250万円	45%	265万円
3,000万円超	4,500万円以下	55%	400万円	50%	415万円
4,500万円超				55%	640万円

〈相続税の速算表〉

法定相続分に 応ずる取得金額		税率	控除額
	1,000万円以下	10%	0円
1,000万円超	3,000万円以下	15%	50万円
3,000万円超	5,000万円以下	20%	200万円
5,000万円超	1億円以下	30%	700万円
1億円超	2億円以下	40%	1,700万円
2億円超	3億円以下	45%	2,700万円
3億円超	6億円以下	50%	4,200万円
6億円超		55%	7,200万円

　暦年課税にて贈与をされた財産については、本来は、原則として贈与を受けた人の財産となります。しかし、贈与のタイミングが相続発生の直前の場合には、その贈与をなかったことにする制度があります。

　一般的に、本制度は「生前贈与加算」と呼ばれ、相続開始前3年以内の贈与が持ち戻しの対象となっています。令和5年度税制改正により、令和6年以降に実施される暦年課税による贈与については、この「持ち戻し」期間が3年から7年に延長されることになりました。

　ただし、いきなり7年に延長されるわけではなく、毎年1年ずつ延長され、令和9年実施分からが7年となります。なお、相続開始前4年から7年の間の贈与については、贈与額の合計から100万円を控除した金額が生前贈与加算の対象になります（4年から7年の延長分4年間の贈与財産合計から100万円を限度に控除）〔**図表1－21**〕〔**図表1－22**〕。

　この生前贈与加算の対象になるのは、相続や遺贈により財産を取得している場合です。つまり、相続人以外で相続や遺贈で財産を受け取っていない子どもの配偶者や孫などは対象になりません。

　ただし、相続人であった子どもの死亡により、孫が代襲相続人になっている場合や孫が死亡保険金を受け取るなど遺贈にて財産を取得した場合には、生前贈与加算の対象になってしまうため注意が必要です。

〔**図表1－21**〕**暦年課税による贈与と生前贈与加算**

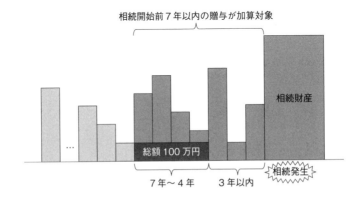

〔図表1－22〕相続発生の年と加算期間の推移

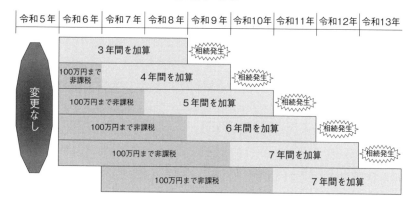

②相続時精算課税

　一定の要件を満たすときには、暦年課税に代わって、相続時精算課税を選択することができます。この相続時精算課税の適用を受けた場合、その選択をした年以後、相続時精算課税に係る贈与者からの贈与財産は、それ以外の贈与者からの贈与とは区別して贈与税額を計算します。具体的には、その贈与者から1年間に受けた贈与財産の価額の合計額から、複数年にわたり利用できる特別控除額（限度額：2,500万円）を控除した後の金額に、一律20％の税率を乗じて算出します。

　相続時精算課税を選択した人の相続税額は、相続時精算課税に係る贈与者が亡くなったときに、それまで贈与を受けた贈与財産の価額と、相続や遺贈により取得した財産の価額とを合計した金額を基に計算した相続税額から、すでに納めた相続時精算課税に係る贈与税相当額を控除して算出します。なお、相続財産と合算する贈与財産の価額は、贈与時の価額とされています。

相続時精算課税は、一度選択すると撤回ができません。

現在、原則として贈与者は60歳以上の父母または祖父母、受贈者は贈与者の推定相続人である18歳以上の子または孫に限定されています。

令和5年度税制改正により、この相続時精算課税も、令和6年から変更されることになりました。令和6年1月1日以降に相続時精算課税で受けた贈与については、暦年課税の基礎控除額とは別枠で、毎年110万円までの控除枠が設けられました。これにより、贈与者の相続が発生したときに相続財産に加算される贈与財産も毎年の110万円を控除した後の金額となります〔**図表1－23**〕。また、相続時精算課税で受贈した土地・建物などが令和6年以降に発生した災害により一定の被害を受けてしまった場合には、相続財産に加算する贈与財産の価額を相続時に再計算することが可能になるという変更もされています。

〔**図表1－23**〕**相続時精算課税による贈与の相続財産への加算**

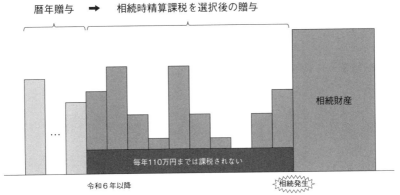

※ 相続時精算課税による贈与を複数の贈与者から受けた場合⇒110万円を贈与額で按分

（3）居住用不動産と教育資金の贈与

①贈与税の配偶者控除

　婚姻期間が20年以上の夫婦の間で、居住用不動産または居住用不動産を取得するための金銭の贈与が行われた場合、基礎控除額110万円のほかに最高2,000万円まで控除（配偶者控除）できるという特例です。

　本特例は、同じ配偶者からの贈与について一生に一度しか適用を受けることができません。

　なお、令和元年7月1日から、婚姻期間が20年以上の夫婦間の居住用不動産の贈与は特別受益にならないこととされています。

②直系尊属から住宅取得等資金の贈与を受けた場合の非課税

　平成24年1月1日から令和5年12月31日までの間に直系尊属（父母や祖父母など）から住宅取得等資金の贈与を受けた受贈者が、贈与を受けた年の翌年3月15日までにその住宅取得等資金を自己の居住の用に供する一定の家屋の新築もしくは取得または一定の増改築等の対価に充てて、その家屋を同日までに自己の居住の用に供したとき、または同日後遅滞なく自己の居住の用に供することが確実であると見込まれるときには、住宅取得等資金のうち一定金額について贈与税が非課税になる制度です〔**図表1－24**〕。なお、本制度の延長は未定です（令和5年10月時点）。

　本制度については、建物の大きさや受贈者の収入等の適用要件もあるので、しっかりと確認したうえでの活用が必要となります。

③教育資金の一括贈与を受けた場合の非課税

　現行では、令和8年3月31日終了予定ですが、30歳未満の受贈者の教育資金に充てるために、その直系尊属（父母、祖父母など）が金銭等を拠出し、金融機関（信託銀行や銀行等）に信託などをした場合には、信託受

〔図表１－24〕対象住宅と非課税限度額（令和５年10月時点）

対象住宅	非課税限度額
省エネ等住宅※	1,000万円
上記以外の住宅用家屋	500万円
震災特例法の省エネ等住宅※	1,500万円
震災特例法の上記以外の住宅用家屋	1,000万円

※　省エネ等住宅とは、一定の省エネ性、耐震性、バリアフリー性を満たす住宅用家屋

益権の価額または拠出された金銭等の額のうち、子や孫といった受贈者１人につき1,500万円（学校等以外の者に支払われる金銭については500万円を限度）までは贈与税が非課税とされる制度です。なお、教育資金とは、文部科学大臣が定める次の金銭をいいます。

（a）学校等に支払われる入学金その他の金銭

（b）学校等以外のものに支払われる金銭のうち一定のもの

受贈者が30歳に達した時に、非課税拠出額から教育資金支出額を控除した残額がある場合は、その時点で贈与があったものとして贈与税が課されます。なお、贈与者死亡時の残高の取扱いなどについても、しっかりと確認してから活用するようにしましょう。

（4）贈与の効果

生前贈与をした場合には、相続発生時の相続財産が減少しますので、相続税の負担を軽減することができます。また、前述のような各種制度の活用によっても生前に財産を渡すことができ、相続財産を減らすことができます。ただし、相続時精算課税では、１年に110万円を超えた贈与の場合、相続財産が単純に減少するわけではないため注意が必要です。

①暦年課税による贈与

暦年贈与を活用した相続税対策のポイントを確認してみましょう。

（a）早い時期から長期間にわたって贈与すること

贈与税には、1年間で110万円までの基礎控除額があります。ただし、過去にさかのぼって贈与することはできません。そのため、できるだけ早く、しかも長期にわたって贈与することで、多くの財産を生前に贈与することができます。

とはいえ、贈与税が高いと思っている人もいるでしょう。たしかに、贈与税率は相続税率に比べると高めですが、1年当たりの贈与額を少なくして長期にわたり贈与することで、贈与税の負担を軽減することができますし、相続と贈与のトータル税額を少なくすることもできます。

たとえば、年齢要件を満たす子どもに1,000万円を一度に贈与した場合の贈与税の負担は177万円となります。しかしながら、10年にわたって100万円ずつ贈与していけば、贈与税の基礎控除額の範囲内なので、贈与税の負担なく贈与することができます。

〈1,000万円を一度で〉：（1,000万円 − 110万円）× 30% − 90万円
= 177万円　　　∴177万円の税負担

〈1,000万円を10年で〉：1,000万円 ÷ 10年 = 100万円
100万円 − 110万円 < 0円 ∴税負担はない

（b）多くの人へ贈与すること

贈与税は、贈与を受けた人が負担する税金で、贈与者ではなく、受贈者にかかります。つまり、1年に110万円まで活用できる基礎控除額はこの財産を受け取る人ごとに活用できるということです。

　ですから、1人に贈与すると、高い贈与税になる場合であっても、複数の人に分散して生前に贈与することで、基礎控除額（110万円）以下の贈与税がかからない金額で贈与することもできますし、基礎控除額を超えても、相続税の負担を軽減することができます。結果、相続財産の軽減につながる可能性が生じることにもなります。

（c）多くの財産を贈与すること

　相続税と贈与税の税率を考えると、贈与税がかかっても贈与をしていくことが、将来の相続税の税負担を引き下げることにつながることがあります。

　たとえば、父には3億円の財産があり、父から子ども2人と孫1人の3人に、毎年贈与した例から考えてみましょう。贈与をしないまま父が他界し、2人の子どもが法定相続分どおりに相続をした場合には、相続人が合計で6,920万円の相続税を負担することになります。一方、子ども2人と孫1人の3人に、毎年110万円、310万円、520万円ずつ10年間にわたり贈与すると、それぞれ相続税・贈与税の合計の税負担は5,600万円、4,150万円、3,220万円と下がっていきます。つまり、贈与した効果が大きいということがわかります〔図表1−25〕。

〔図表1-25〕贈与シミュレーション（3億円の財産を想定）

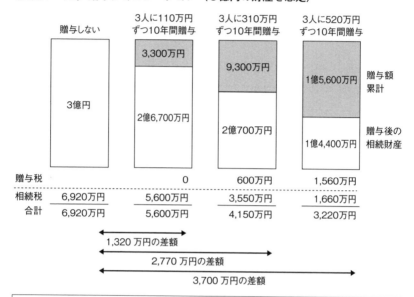

〈計算根拠〉
※ 贈与を受けた年の1月1日において、18歳以上の人が直系尊属から受けた場合で計算
※ 相続税は、父の相続時に2人の子どもが法定相続分どおりに相続したものとして計算
※ 相続開始前一定期間内の贈与財産の相続財産への加算は考慮しないものとして計算

この贈与する金額には、3つの基準が目安になるといわれています。

（ⅰ）110万円

110万円 - 110万円 = 0円

贈与税の税負担が生じない基礎控除範囲内の金額

（ⅱ）310万円

（310万円 - 110万円）× 10% = 20万円

贈与金額から基礎控除額を差し引いた金額に税率を乗じて税負担が生
じるものの、贈与税の最低税率10%となる最大の金額

（ⅲ）520万円

$$(520万円 - 110万円) × 20\% - 30万円 = 52万円$$

　贈与税額が52万円となり贈与した金額520万円のちょうど10％になる。

　相続税の最低税率は10％のため、同率の税負担10％になる金額

（ｄ）　一代飛ばしの贈与をすること

　父、母、子ども（長男、長女）、孫の家庭では、通常、父が死亡した場合の相続人は、母、長男、長女の３人になります。つまり、父が遺言などで指定していない限り、孫は相続財産を受け取ることはできません。

　そこで、孫を対象にして一代飛ばした贈与をすることで、孫のために財産を生前に贈与し、相続財産の軽減を図ることもできます〔**図表１－26**〕。

　なお、相続や遺贈により財産を取得した人が、被相続人（亡くなった人）から相続開始前３年（～７年）以内に贈与を受けた財産があるときには、その贈与財産を相続財産に加算し、相続税を計算することが必要です。

　ただし、相続や遺贈で財産を取得する予定のない孫、長男の妻や長女の

〔**図表１－26**〕　一代飛ばしの贈与関係図

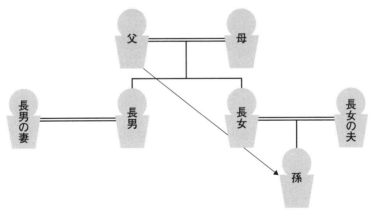

夫などに贈与をした場合には、通常、相続税を計算する際の生前贈与加算の対象になりません。

②相続時精算課税による贈与

令和6年からは、相続時精算課税を使った贈与の検討も必要です。

（a）今後大きく相続税評価額が増える予定の資産

相続時精算課税は、相続発生時に贈与時の評価額で相続財産と合算されますので、将来、現在の評価よりも評価額が増加しそうなケースでは、相続時精算課税を活用して財産を移転することで相続時の財産評価を低くすることが可能です。

たとえば、道路の拡張工事や新駅の新設などで評価が高くなることが予想される土地であったり、自社株式の評価について今は低いが今後は高くなることが予想されるような場合などの際に効果が期待されます。

（b）相続時精算課税の基礎控除額の活用

令和6年からの相続時精算課税の基礎控除額を活用して毎年の贈与をする方法です。110万円までであれば、相続発生時にその金額が戻ることがありませんので、できるだけ長くすることで、課税されることなく、多くの金額を贈与することができます〔**図表1-27**〕。

なお、本制度による贈与には、暦年課税による贈与のような「持ち戻し」の期間が設けられていないため、110万円の基礎控除額を超える贈与の場合は贈与を始めていつ相続が開始しても、相続財産への「持ち戻し」が必要となることに注意が必要です。

また、暦年課税による贈与をしている場合であっても、他の贈与者からの贈与であれば、別途、相続時精算課税での基礎控除額を活用することができます。たとえば、孫への贈与として祖父から暦年課税により110万円を贈与している家庭の場合、祖母から相続時精算課税による110万円の贈

与を受けても課税されることはありません（ほかに相続時精算課税による贈与を受けていない場合）〔**図表1－28**〕。

〔図表1－27〕相続時精算課税、暦年課税による贈与

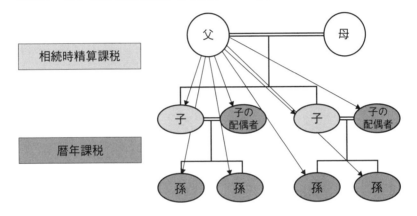

〔図表1－28〕祖父と祖母からの暦年課税と相続時精算課税による贈与

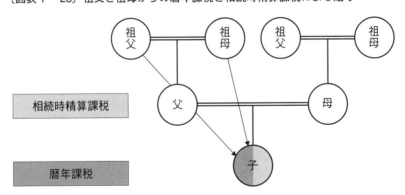

（5）贈与の留意点

　贈与については、相続財産を生前に移動させて将来の相続税負担の軽減を図ることができるため、相続対策として有効な対策であることが理解できたと思います。しかしながら、効果がある分、税務調査などで否認されるケースも、実際には多いようです。

　贈与に対する税務調査を受けた人のうち、約93.4％（令和３年度）が追徴を受けていますが、そのうち約83.1％の人は贈与税が無申告の状況でした〔図表１－29〕。

　しかも、税務調査の対象となった財産の約69.2％（令和３年度）は現預

〔図表１－29〕贈与税の税務調査の状況について

	令和元事務年度	令和２事務年度	令和３事務年度
実地調査件数	3,383件	1,867件	2,383件
申告漏れ等の非違件数	3,217件	1,769件	2,225件
対　実地調査数	95.1％	94.8％	93.4％

※　１つの事案で複数の財産の申告漏れがあった場合、それぞれ１件での集計のため延件数

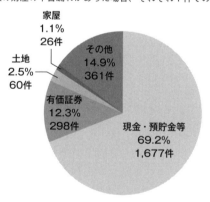

[出典] 国税庁資料

58

金を対象としたものです。相続税の納税において、贈与が認められないこともあるので、実際のところ、この値は、もっと高いのではないかと推察されます。

　現預金による贈与の否認が多いという事実をふまえると、贈与については正しい方法で行う必要があるといえます。それは、贈与は、当事者の一方である贈与する人（贈与者）が無償で相手方に財産を与えるというだけでは認められず、受け取る人（受贈者）にもしっかりともらったという認識が必要になるからです。

　贈与による税務調査で問題となりやすい代表的なケースには、名義預金と定期贈与があります。

①名義預金

　親が子どもの名義で預金口座を開設し、子どもに内緒で預金をしていた場合、子どもはこの事実を知らないことになります。そのため、双方が受諾しておらず、贈与契約になっていないことになります。

　口座の名義がいくら子どもであっても、実際は父または母が保有していた財産とみなされてしまい、このような預金を「名義預金」といいます。

　そのため、預金通帳やキャッシュカードはもちろん、贈与を受けた金銭について、受け取った子どもが承諾のうえ、それを保管し、印鑑も子どものものを使用するなど細心の注意が必要になります。

②定期贈与

　毎年決まった時期に一定額を贈与していても、あるときに一括した金額に対して贈与税が課税されるケースです。

　たとえば、毎年4月1日に、10年間にわたって100万円ずつ贈与すると約束をした場合、1年ごとに贈与があったとはみなされず、贈与の約束をした年に、将来にわたって合計額の1,000万円をもらえる権利が贈与され

たとみなされて贈与税が課されるというものです。そのため、当初に複数年の贈与の約束（さらには同一日に約束）をするのではなく、贈与のつど、その事実を残すことが必要です。

　定期贈与に限らず、贈与する場合には、証拠を残しておくことが必要です。贈与契約は、口約束でも成立しますが、後日、本当に贈与が成立していたことを証明することは難しいため、贈与のたびに、両当事者が署名・押印した贈与契約書の作成・保存が肝心です〔**図表1－30**〕。

　必ずしもひな型に従う必要はありませんが、贈与者の慎重な意思が文面から判断できるような書面で行うべきでしょう。そのうえで、贈与者、受贈者の両者でしっかりと記入し保管しておくべきです。なお、公証役場で確定日付をとっておくと、より安心といえます。

　また、贈与財産が現金などの場合、現金を直接手渡してしまうと記録が残りません。そのため、預金口座を通じて移転させたほうが望ましいとされています。

　贈与を受けた財産が、1年間に110万円を超えた場合には、贈与税の申告と納付が必要ですが、この申告と納付は贈与事実を認定するうえでのひとつの証拠にはなりますが、存在の証明になるわけではありません。税務調査では、具体的な事実関係のすべてが総合判断されることになるので、前述のとおり、十分な対応を心がけるべきでしょう。

〔図表1－30〕贈与契約書　ひな形

贈与契約書

贈与者＿＿＿＿＿＿＿＿＿＿＿＿（甲）と受贈者＿＿＿＿＿＿＿＿＿＿＿＿（乙）
との間で、今般、下記のとおり贈与契約を締結した。

第1条　甲は、その所有する下記物件を乙に贈与することを申し出て、
　　　　乙はこれを受諾した。

　　　　（贈与物件の表示）　1.現金　　　　　　　　　　　　　　円

第2条　甲は、前条記載の贈与物件を、令和　　　年　　　月　　　日
　　　　までに乙に引き渡すこととする。

　　上記契約成立の証として本書を作成し、当事者署名捺印のうえ、甲、
乙各1通を所持する。

令和　　　年　　　月　　　日
　　　　　　　　　　　甲　（住所）
　　　　　　　　　　　　　（氏名）　　　　　　　　　　　　㊞
　　　　　　　　　　　乙　（住所）
　　　　　　　　　　　　　（氏名）　　　　　　　　　　　　㊞

（6）生命保険を活用する場合の留意点

　生前贈与では、預金口座を利用して現金贈与をしている人はかなり多くいます。一方で、「無駄遣いはさせたくない」「お金を持たせることで生活感が変わってしまうのが怖い」といった言葉もよく耳にします。

　そこで、その心配を解決する方法のひとつとして贈与資金を活用した生命保険への加入があります。「子ども＝契約者」として生命保険に加入し、保険料も負担させます。その際、その元手となる現金を、預金口座を通じて贈与し、生命保険料の引落し口座として活用させるという手法です。これは、相続対策として有効な対策であると同時に、子どもは万一の場合に備えることもできます。

　このように贈与資金を生命保険料として活用することは有効な相続対策となりますが、その際に留意すべきこともあります。

　生命保険は、契約者、被保険者、死亡保険金受取人の関係によって課税関係が相違することは前述しました。

　ところが、税法では、「契約者ではなく実質保険料負担者」「被保険者」「死亡保険金受取人」の関係で課税関係が決まることになります。

　したがって、契約者は子どもでも、実質的な保険料負担者が親とみなされてしまうと、課税関係が変わってしまいます。

　生命保険料の贈与を行う場合の留意点をまとめると、次のとおりです。

・毎年、贈与契約書を作成する
・贈与者（贈与する人）から受贈者（受ける人）の口座に振り込む
・受贈者は、自身の口座から保険料を引き落とす
・受贈者に、自身で口座の通帳・印鑑等の管理・保管をさせる

> ・受贈者が受けた金額に贈与税がかかる場合には、贈与税を申告し、
> 　贈与税の申告書を保管する
> ・保険契約の生命保険料控除は契約者である受贈者が活用し、贈与者
> 　は活用しない

　昭和58年9月国税庁事務連絡「生命保険料の負担者の判定について」では、親から子どもに資金が移転されて、実質的に子どもを契約者とするための一定の基準が示されています〔**図表1-31**〕。

　これに基づいて、生命保険契約は、贈与を受けた人が確実に契約者となるよう行ってもらい、被保険者、死亡保険金受取人等をどのように設定するかを検討することがポイントになります。

〔図表1-31〕国税庁文書（生命保険料の負担者の判定について）

> 昭和58年9月の国税庁事務連絡によると、たとえば、親から子へ現金を贈与し、子を契約者とする生命保険に加入する場合、「贈与事実の心証が得られたものは、これを認める」と以下のとおり明記されています。
> 国税庁事務連絡（昭和58年9月）「生命保険料の負担者の判定について」
> 1.被相続人の死亡又は生命保険契約の満期により保険金等を取得した場合、もしくは保険事故は発生していないが保険料の負担者が死亡した場合において、当該生命保険金又は当該生命保険契約に関する権利の課税にあたっては、それぞれ保険料の負担者からそれらを相続、遺贈又は贈与により取得したものとみなして、相続税又は贈与税を課税することとしている。
> 2.生命保険契約の締結にあたっては、生計を維持している父親等が契約者となり、被保険者は父親等、受取人は子ども等としてその保険料の支払いは父親等が負担している、というのが通例である。この相続税法の規定に基づき、保険事故発生時を課税時期ととらえ、保険金を受け取った子ども等に対して相続税又は贈与税を課税することとしている。
> 3.ところが、最近、保険料支払能力のない子ども等を契約者および受取人とした生命保険契約を父親等が締結し、その支払保険料については、父親等が子ども等に現金を贈与し、その現金を保険料の支払いに充てるという事例が見受けられるようになった。
> 4.この場合の支払保険料の負担者の判定については、過去の保険料の支払資金は父親等から贈与を受けた現金を充てていた旨、子ども等（納税者）から主張があった場合は、事実関係を検討の上、たとえば、①毎年の贈与契約書、②過去の贈与申告書、③所得税の確定申告等における生命保険料控除の状況、④その他贈与の事実が認定できるものなどから贈与事実の心証が得られたものは、これを認めることとする。

（7）贈与資金を活用した生命保険プラン

　最初に、だれに贈与するかを決めた後、贈与者や直系尊属（父、母、祖父、祖母）を被保険者とした保険に加入して納税資金準備等に充当させるプランなどを中心に検討します。被保険者の健康状況や年齢によっても加入の可否が違ってきます。また、生前贈与がいつまで、いくらくらいできるかによっても選択するプランが変わってきます。そのため、十分に確認のうえ、プランを考えていくべきです。

　たとえば、長男・長女・孫に保険料の元手となる現預金を贈与する場合を考えてみます〔**図表1−32**〕。

　長男・長女・孫は、現預金で受け取った金額を活用して生命保険に加入するため、それぞれが契約者となります。

〔図表1−32〕子・孫へ贈与した場合の生命保険のプランニング

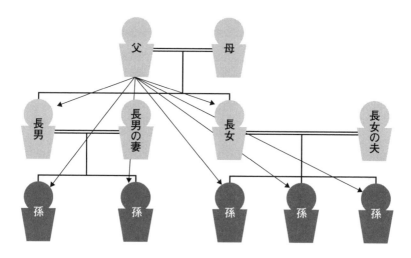

〔図表1－33〕納税資金準備プラン

契約者	被保険者	死亡保険金受取人	保険種類
長男	父	長男	終身保険
長女	父	長女	終身保険

〔図表1－34〕孫の保障等を準備するプラン

契約者	被保険者	死亡保険金受取人	年金受取人	保険種類
孫	孫	長男	－	死亡保障・医療保障
孫	孫	長男	孫	個人年金

　納税資金準備プランの場合、被保険者を、贈与者である父とします〔図表1－33〕。この契約形態で死亡保険金を受け取ると、一時所得タイプになり、受取時には長男・長女の所得として所得税・住民税がかかります。しかし、贈与者の相続財産が多額である場合は、前述のように所得税タイプのほうが税負担が軽くなることもあります。

　孫の保障等を準備するプランでは、贈与者である祖父が亡くなった後も孫が自分で保険料を支払っていく必要があるため、そのことを考慮して、保険料・保障期間を決めましょう〔図表1－34〕。

（8）生前贈与機能付き生命保険

　これまで説明してきた生前贈与資金を活用した生命保険加入は、口座間などで移転した資金を生命保険に活用するというものでした。

　最近では、生命保険そのものに生前贈与の機能を組み込んだ商品が開発されており、これは「生前贈与機能付き生命保険」と呼称されています。

　このタイプの商品は、保険料を一時払いで加入し、従前の生前給付金付き生命保険の生前給付金の受取人を毎回変更できるしくみなどを加味する

ことで、毎年の生前給付金が贈与とみなされる商品となっています〔**図表 1－35**〕。

　贈与者は、資金の移動が一度（生命保険会社への一時払）で済み、保険会社が毎年、受贈者の口座に振込を行う点に安心感もあるうえ、贈与された事実が残ることで贈与契約書なども必要ないといわれています。その意味では、より手軽に生前贈与ができるかもしれません。

　この商品では、契約者を贈与者、生存給付金受取人を受贈者として贈与することになりますが、この贈与の課税方法を暦年課税とする場合、相続発生時の３年（～７年）以内贈与の持ち戻し対象に該当しないように相続人ではない孫などを生存給付金受取人とすることが多いようです。ただし、この孫が死亡保険金を受け取ると、持ち戻しの対象になってしまいます。そのため、死亡保険金受取人は孫ではなく、子を指定するなどを検討する必要があります。

　この保険を活用した贈与を行った場合、保険会社から支払われた現金の使いみちは、もちろん受贈者の自由になります。そこで、この資金を活用して、前述のとおり将来の相続税の納税資金を所得税タイプで準備したり、自分の保障の準備や将来の資産としたりするために受贈者を契約者とする生命保険に加入するというケースもあるようです。

　なお、贈与税の税制などが変更された場合、この生存給付金の贈与の取扱いも変更になる可能性があることには留意しておく必要があります。

〔図表1−35〕生前贈与機能付き生命保険と活用例

契約者	被保険者	死亡保険金 受取人	生存給付金 受取人	保険商品
祖父	祖父	子	孫	生存給付金付終身保険

契約者	被保険者	死亡保険金受取人	保険商品
孫	祖父	孫	終身保険
孫	孫	子	死亡保障・医療保障

Case Study ❹

▶▶ 概要 ▶▶▶

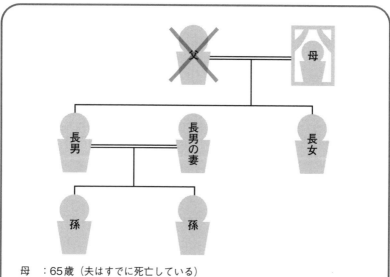

母　：65歳（夫はすでに死亡している）
　　　夫死亡時に、保険金や財産のすべて1.5億円を相続した
長男：結婚して子どもが2人いる
長女：独身で母と同居

〈母が加入していた生命保険〉

契約者	被保険者	死亡保険金受取人	保険種類	保険金額
母	母	長男・長女	終身保険	1,000万円
母	母	長男・長女	医療保険	—

　母は、生命保険会社の担当者からの勧めもあって、「500万円×2人」の死亡保険金の非課税限度額を考慮した終身保険に数年前に加入しました。

　夫である父死亡時に、母は「配偶者の税額軽減」を活用したため、相続税の負担はありませんでした。しかし、自身に万一のことがあったときの相続税を心配していました。

　そこで、長男と長女に対して「110万円×2人＝220万円」を毎年贈与し、それを元手に長男と長女は、それぞれが契約者・被保険者となる年金保険に加入することにしました。また、加入にあたっては、個人年金保険料控除を活用するため税制適格特約を付加しました。

契約者	被保険者	年金受取人	死亡保険金受取人	保険種類	払込
長男	長男	長男	長男の妻	個人年金	60歳満了
長女	長女	長女	母	個人年金	60歳満了

　この贈与プランへの加入から2年経過後に、母は事故により亡くなりました。

　相続財産を受け取るのが長男と長女ということもあり、2年間贈与した保険料については、相続財産に加算して相続税計算が行われ、2人には相続税が課されました。

　さらに、長男と長女は、この年金保険の保険料を今後も払い続けることは厳しいとして、払済年金への変更を検討しましたが、税制適格特約が付加されている場合は加入後10年間は払済年金への変更ができないため、結局、解約返戻金が支払った保険料よりも少額になってしまうものの、解約せざるを得なくなってしまいました。

　特に長男は、子ども（孫）の教育資金等の負担も大きくなるので、その落胆ぶりには目を覆いたくなるほどでした。

今回のポイントは、「65歳からの贈与プラン検討において、受贈者は長男と長女だけで十分か、年間220万円はもっと増やせなかったか、孫への贈与も検討していれば…」ということです。

まず、生前贈与をせずに母が死亡した場合の相続財産が、父からの財産と同額の1.5億円だったときで考えてみましょう。子どもは長男と長女の2人なので、相続税は1,840万円となります。

生前贈与をすることで、この1.5億円を生前に移転しようとしたこと自体に間違いはありません。しかしながら、母の年齢が65歳ということ、相続財産をもっと減らしておいたほうが相続税が軽減されることを考えると、長男と長女だけでなく、長男の妻や孫2人にも贈与するプランも検討すべきだったといえます（当然ながら長女への配慮も必要です）。

さらに、長男・長女自身の年金保険ではなく、母を被保険者とした終身保険に加入しておけば、さらなる効果が期待でき、母が亡くなった後の保険料支払を心配する必要もありませんでした。

契約者	被保険者	死亡保険金受取人	保険種類	払込	死亡保険金
長男・長女	母	長男・長女	終身保険	80歳満了	1,750万円
孫	母	孫	終身保険	80歳満了	1,750万円
長男の妻	母	長男の妻	終身保険	80歳満了	1,750万円

5人に対して、80歳までに、毎年110万円ずつを贈与したとすると、「5人×110万円×（80歳−65歳）＝8,250万円」の財産を生前に移転することができ、相続財産も大幅に減少できます。

今回のケースのように、この贈与プランに加入した母が、2年後に事故により死亡してしまった場合でも、長男、長女、孫2人、長男の妻は死亡

保険金を受け取ることができます。

死亡保険金：1,750万円　　一時所得として所得税・住民税の課税対象
課税対象　：（1,750万円 − 110万円 × 2年 − 50万円）× 1/2 = 740万円

　この場合、死亡保険金を受け取ったそれぞれの他の所得と合算して課税されます。仮に、受け取った子どもの収入が多く、所得税・住民税の最高税率55％が適用されるとしても、407万円の税負担で受け取ることができます。

　また、相続財産としての生前贈与加算の対象になるのは長男・長女への贈与だけであり、孫2人と長男の妻に贈与した「110万円 × 3人 × 2年 = 660万円」は相続財産に加算する必要はありません。

　贈与プランを検討する際には、長生きの効果も考える必要はありますが、万一のことがあった場合のこともしっかりと意識しておくべきです。

コラム

　本コラムでは、お客さまをお迎えしたセミナーにあたっての「準備」「開催」「講師」について、普段から気にかけ、実践していることをまとめています。ちょっとした小話と思って、気楽に読んでみてください。

「集客チラシの作り方」

　セミナーの告知では、一般に集客チラシによるものが多いと思います。日時や場所などの基本事項は必須も、デザインに凝りすぎて、見づらくなることはよくあり、気をつけたいことのひとつです。

　特に、「そうぞく」セミナーに参加されるお客さまは高齢の方も多く、「全体に文字は大きく」「基本事項は見やすく」の心遣いが大切です。

　一方、うっかり忘れの代表格として、受付開始時間、車での来店可否があります。実際の経験談ですが、1時間以上も早くセミナー会場に到着されたお客さまに、「準備中のためお待ちください」と伝えたところ、「案内がないのが悪い！」とのご指摘を受けたことは、一度や二度ではありません。

　デザインには凝り過ぎず、チラシには盛り込み過ぎず、けれども基本事項や留意事項は大きく、そして見やすく、これらを心掛けてみてください。

「ご案内の方法」

　セミナーでは、集客チラシなどを通じて当日の内容を多少なりとも理解して参加された方のほうが、満足度が高い傾向にあります。

　そのため、単にチラシを配るのではなく、チラシを渡される方の気持ちに立って、セミナーの概要を伝えるなど、相手の心に寄り添った一言を添えるようにしたいものです（講師としてはぜひともお願いしたいです）。

　商品購入や食事場所を選ぶ際、その「口コミ」の効果については、ご承知のとおりです。内容を理解した人から口コミを通じて渡されたチラシには、より説得性が生まれ、「チラシ効果＝セミナーへの満足度」が高まります。

コラム

其の2　セミナーでの小話（準備編②）

　セミナー開催に向けてよく受ける質問に「セミナーのベストな時間はどのくらい？」があります。

　答えはなく、内容にもよりますし、地域、年齢層、性別によっても毎回悩むところです。だからこそ、準備は大切です。

「適切な時間」

　セミナーのベストな時間については、経験上、90分と答えています。60分では時間として短く感じ、せっかくお集まりいただいたのにも関わらず、内容を伝えきれず、短いように感じるからです。一方、120分になると、トイレ休憩などが必要になり、せっかく盛り上がった場の雰囲気が60分後には一度冷めてしまうため、まずは90分を目安に考えます。

　もちろん、3〜4時間という場合もありますが、長距離運転などと同じで、休憩のタイミングは大切かつ難しく、集中力や理解度に影響します。

「準備を楽しむ」

　セミナーでは、講師も、お客さまも、一期一会の時間を過ごします。講師も準備スタッフも、毎回の緊張は当たり前ですが、だからこそ「楽しむ気持ち」を大事にしてほしいです。

　当日のセミナーに向け、健康管理はもちろん、自然災害にも備えた余裕を持った準備をすることは、結果として、自信にもつながります。セミナーは、一人ではできません。チーム全員で、お客さまファーストの精神で準備を楽しんでください。

　（予期せぬ事態も、もちろんありますが、そこは神のみぞ知る！の割り切りです）

　スタッフが楽しめていない（余裕がない）ことは、お客さまに伝わり、セミナー自体が緊張感を帯びたものになってしまいます。

　「お客さまとは一期一会、一回一回を真剣に」です。想いが強すぎたり、準備が不足している場合、空回りや焦りを生みます。余裕を持ったセミナーにするためにも、事前準備は大切で、結果、その後の打上げも盛り上がります（笑）

第2章

争族対策

1 争族対策の必要性

（1）争族の現状

　平成27年1月1日からの相続税法改正に伴って増税の流れになっており、相続対策を意識する必要があることは第1章で説明したとおりです。しかし、もっと意識しておきたいのが、いわゆる「争族」対策です。

　"そうぞく"という言葉に、いつからか「争族」という漢字があてられ、最近では、この言葉がふさわしいとさえ感じられます。争族は、高齢化とともに急激に増えています。

　令和4年の全国の家庭裁判所における相続（本章でいう争続）関係の審判・調停件数は、平成11年の約1.7倍、平成元年の約2倍となっています〔図表2−1〕。つまり、揉めている遺族は増加しているということです。

〔図表2−1〕全国の家庭裁判所における相続関係の審判・調停件数

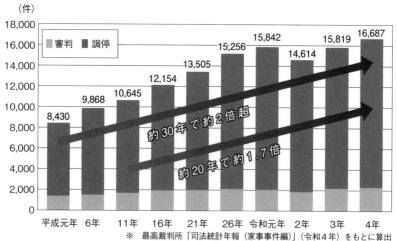

※　最高裁判所「司法統計年報（家事事件編）」（令和4年）をもとに算出

〔図表2-2〕遺産分割事件のうち認容・調停成立件数

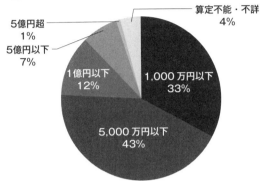

※　最高裁判所「司法統計年報（家事事件編）」（令和4年）をもとに算出

　遺産分割で揉めていたものの、何とか調停等が成立した遺族の財産をみると、遺産総額が1,000万円以下のケースが全体の33%、さらに5,000万円以下にまでその範囲を広げると、全体の76%となっていることがわかります〔図表2-2〕。5,000万円以下ということは、令和4年の相続人の平均数2.56人≒3人から算出した相続税の遺産に係る基礎控除額「3,000万円＋600万円×3人＝4,800万円」とあまり差異のない財産にもかかわらず、争族が生じているということです。

（2）争族が増えている理由

　争族が増えている理由のひとつには、家督相続という意識が薄まっていることが挙げられます。戦前は、家を継ぐ人がすべての財産を取得することがあたりまえでした。ところが現在は、核家族化の影響や法定相続分の考え方が前面に出ているためか、「相続人は相続順位が同じであれば平等だから、法定相続分どおりに受け取りたい」と主張する人も多く、争族の要因になっているものと考えられます〔図表2-3〕。

〔図表２－３〕法定相続人および法定相続分

ケース	法定相続人		法定相続分	備考
子どもがいる	配偶者		1/2	子どもは平等に按分
	子ども	（第１順位）	1/2	配偶者がいない場合はすべて子
子どもがいない	配偶者		2/3	両親は平等に按分
	父母	（第２順位）	1/3	配偶者がいない場合はすべて父母
子ども・両親がいない	配偶者		3/4	兄弟姉妹は平等に按分
	兄弟姉妹	（第３順位）	1/4	配偶者がいない場合はすべて兄弟姉妹

　また、高齢化と長寿社会も理由のひとつでしょう。兄弟姉妹も年をとるとともに、自分自身の老後の不安も募ってきます。もらえるのであれば、やはり相続財産がほしくなるという流れです。

　そして、もうひとつの大きな理由が、分けたいと思っても分けられない財産が多いということです。たとえば、相続人が子ども２人で、相続財産のほとんどが自宅の１軒だけで金融資産はあまりないという家庭の場合、相続人の間で平等に分けようとすると、この１軒の家を共有名義とするか、または処分して売却代金を２等分するかの選択になります。もし、どちらかの子どもがこの家に住んでいる場合、その子どもは、自宅を相続できないと、この家に住み続けることが難しくなります。１軒の自宅をめぐって争族につながってしまうというよくある例です。

　相続人が多くいたり、家庭関係が複雑であることは昔から争族になりやすい理由のひとつです。最近では、子どもの数が少ない家庭も多くなりましたが、子どもが多い場合は、その分だけ相続人である子どもの間で揉めてしまうケースも多いようです。さらには、亡くなった父親が再婚で、前妻との間に子どもがいる場合や、婚姻関係にない者との間に子どもがいる場合などはより厳しい争族になりやすいといえます。

　この婚姻関係のない子どもとの相続分にも注意が必要です。以前は婚姻してから生まれた子どもである嫡出子に対して、婚姻関係にない者との間の子どもである非嫡出子は相続時の法定相続分が2分の1になるとされていました。しかし、平成25年9月5日に民法が改正され、非嫡出子と嫡出子で受け取れる相続分を同額とする改正が行われました。つまり、子どもはすべて同等になったということです。

　子どものいない夫妻で夫が先に死亡したときには、夫の両親（すでに死亡なら兄弟姉妹）と配偶者の間での相続になります。普段から良好な関係を保持し続けることはそう簡単ではありませんし、法定相続分にも違いがあるため、争族に発展することは避けられません。

　相続人が子ども1人のときだけは、争族の心配はありませんが、相続人が複数いる場合には、だれにでも争族の危険性はつきまといます。そのため、しっかりと準備しておきたいところです。

（3）遺言の活用

　相続は、通常、人の死亡によって開始されます。相続をする人（相続人）は、相続開始の時から、死亡した人（被相続人）の財産に属したいっさいの権利義務を承継します。相続税の申告と納付までのスケジュールは、おおむね〔図表2-4〕のとおりです。

　相続が発生した場合、債権・債務のすべてを単純に相続するのであれば、通常は3カ月以内に行う手続もいりません。

　相続人が複数いる場合、相続財産は相続人たちの共有財産となり、相続人がお互いに話し合って遺産分割をする必要が生じることになります。しかし、遺言がある場合は、原則、法定相続分、代襲相続分にかかわらず、遺言が優先され、相続する財産が決まります（遺留分については後述）。

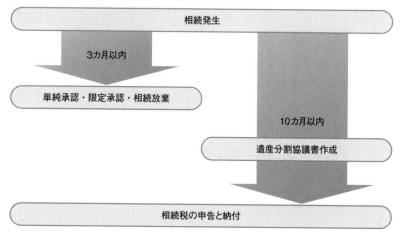

ただし、相続人全員の同意があれば遺言と異なる遺産分割はできます。

遺言がない場合は、遺産分割協議書の作成が必要になります。遺産分割協議書は、「だれが、どの財産を、どのくらい相続するか」を相続人間の遺産分割協議によって決定し、結果を書面にしておくものです。

つまり、揉めることを避けようと考えた場合、遺言は非常に有効な手段になります。また、遺言は、故人である被相続人から遺族への最後のメッセージでもあります。

遺言の形式には、「公正証書遺言」「自筆証書遺言」「秘密証書遺言」があります。このうち、秘密証書遺言はあまり利用されていないので省略しますが、その他の2つの概要は違いとともにしっかりと覚えておくべきです〔図表2−5〕。

自筆証書遺言については、民法改正により、大きな変更がありました。自筆証書遺言は、これまではすべて自筆とされていましたが、平成31年

〔図表2－5〕遺言の概要

	公正証書遺言	自筆証書遺言	
作成方法	●遺言者が口述し、それを公証人が文章にして作成する	●本人が遺言の全文、日付・氏名を自書し、押印する ●目録については自書を要さない	
証人	証人2名以上必要	証人不要	
保管場所	原本は公証役場で保管される	遺言者が保管	法務局で保管してもらう（令和2年7月10日開始）
メリット	●公証人が作成するため方式不備にならない ●原本を公証役場で保管するため変造・隠匿のおそれがない	●1人で簡単に作成できる ●費用がかからない ●遺言の内容を秘密にできる	●法的に定められた方式に従っているかチェックして預かってくれる ●遺言の内容を秘密にでき、偽造・変造などが防げる
デメリット	●遺言内容が公証人や証人に知られる ●作成に手間と時間を要する ●費用がかかる	●遺言書の紛失、偽造・変造のおそれがある ●相続時に遺言書が見つからないおそれがある ●方式不備、内容不備で法的に無効となるおそれがある	●遺言書の内容まで審査をしてくれるわけではないため、内容不備で法的に無効になるおそれがある ●一定の保管料がかかる

※　証人になれない人：未成年者、推定相続人および受遺者ならびにこれらの配偶者および直系血族、公証人の配偶者、四親等内の親族、公証役場の書記および使用人

　1月13日からは、財産目録についてはパソコンでの作成や預金通帳などのコピーでも可となりました。また、これまでは作成した自筆証書遺言をどこに置くか悩むという人も多かったと思いますが、令和2年7月10日から法務局での遺言の保管（自筆証書遺言書保管制度）もスタートしています。

　この制度では、これまで自筆証書遺言のデメリットといわれていた多くの事項が解消されました。法務局に保管されるため、遺言の偽造・変造はなくなりますし、方式不備については預ける段階で法的な確認をしてもら

えるのでこの点でも安心になったといえます。また、遺言者が希望する場合には、死亡後に遺言者が指定した相続人に対して通知を行う制度も盛り込まれており、遺言書が見つからないという心配もなくなりました。さらに、これまで自筆証書遺言が発見された際に必要とされていた家庭裁判所での検認も必要なくなりました。

　ただ、遺言の内容については、法務局で調整をしてもらえるわけではないため、記載内容については争族にならないように、しっかりと考えて作成することが必要になります。この点は、公正証書遺言も同様といえます。

　そのなかで、考えておきたいのが「遺留分」です。

　遺言では、財産を遺す人（被相続人）が財産を自由に遺贈したり、処分したりできます。ただし、遺留分には注意が必要になります。

　「遺留分」とは、民法で認められた法定相続人が確保できる最低限の相続分のことをいいます。遺留分は、兄弟姉妹を除く相続人、すなわち直系卑属、直系尊属、配偶者に認められていて、法定相続分に比例して割り当てられています。この遺留分の割合は、民法に定められており、たとえば相続人が妻と子ども２人の場合、妻の遺留分は４分の１（1/2×1/2）、子どもの遺留分はそれぞれ８分の１（1/2×1/2×1/2）となります。

（民法1042条）
兄弟姉妹以外の相続人は、遺留分として、次の各号に掲げる区分に応じてそれぞれ当該各号に定める割合を乗じた額を受ける。
・直系尊属のみが相続人である場合　　被相続人の財産の３分の１
・前号に掲げる場合以外の場合　　　　被相続人の財産の２分の１

　遺留分が、遺言等で侵害された場合、法定相続人は遺留分を侵害している他の相続人に対して侵害額に相当する金銭の支払を請求することができ

ます。これを「遺留分侵害額請求」といいます。

　なお、遺留分侵害額請求権は、相続の開始および遺留分を侵害する贈与・遺贈があったことを権利者が知った日から1年、または相続開始を知らなかった場合であっても相続開始から10年で消滅します。

　前述した争族に陥りやすいケースを思い出してください。それ以外にも、独身の高齢者は、実際に介護をしてくれた相続人の1人に相続財産を遺したいと思うかもしれません。この気持ちを口頭では伝えていながらも、何も準備していないと、複数いる相続人のうちの1人として相続財産を平等に分けることになってしまい、争族につながるということもあります。

　また、子どものいない夫婦の場合、夫に先立たれると、妻が争いに巻き込まれることも多いようです。これは、夫の相続財産のなかに、亡き両親から相続で受け取った土地建物があった場合、相続人である妻が相続すると、その後、妻に万一のことがあった際には、妻の両親や兄弟姉妹に渡ってしまうことを夫の兄弟姉妹が問題視して、争族に発展するというケースです。

　このような場合には、争族対策として、遺言を残しておけば、兄弟姉妹には遺留分はありませんので、妻に全財産を相続させることができます。

　最近は、独身での生活を選ぶ人も増えてきました。亡くなった際に相続人が1人もいないということも今後は増えてくるでしょう。そのような場合でも遺言は有効です。「相続人なし」となった場合、この被相続人の従兄弟姉妹などの特別縁故者からの申立てに基づき、相続財産の全部または一部を与えることができます。それでもなお、残余財産があるときは、相続財産は国庫に帰属することになります。ただ、実際に介護などで世話になった人に財産を譲りたいこともあるでしょう。通常は相続人ではないので、財産を受け取ることはできませんが、そんなときも遺言を作成してお

けば、「ありがとう」の気持ちを形にできます。

　争族にならないようにすることや、死亡したときの気持ちを表すことを考えた場合、遺言は非常に有効な手段です。しかしながら、遺言書は有料であったり、要件不備があると無効になったり、作成が若干難しいのも事実です。そこで、本書のテーマのひとつである「生命保険を有効に活用した争族対策」を紹介します。

2 争族対策の契約形態

（1）生命保険の契約形態

　相続の対象となる財産のうち、ほとんどが土地建物（自宅）という家庭も多いと思います。その場合、遺言ではどうしても不公平が生じてしまうこともあります。いわば「遺言の限界」ともいえるかもしれません。争族を引き起こさないためにも、生命保険の活用、さらに加入時の契約形態を考える必要があります。

　そのためには、死亡保険金に係る課税関係をしっかりと押さえることが大切です。

（2）契約形態の選択

　〔図表２−６〕で考えてみます。たとえば、死亡保険金を離婚した前妻（前配偶者）に遺したいという場合、この保険金はパターン④となり、死亡保険金の非課税限度額は適用されませんが、確実に前妻に渡すことができます。一方で、相続税の課税対象にもなります。

　死亡保険金の受取手続は、前妻が個人（単独）で行うことも可能ですが、

〔図表２−６〕死亡保険金に係る課税関係

	契約者	被保険者	死亡保険金受取人	税金の種類
①	A（夫）	A（夫）	C（子）	相続税（非課税限度額の適用可）
②	B（妻）	A（夫）	C（子）	贈与税
③	C（子）	A（夫）	C（子）	所得税・住民税
④	A（夫）	A（夫）	D（前妻）	相続税（非課税限度額の適用不可）

相続税の計算をするためには、妻や子どもたちが受け取った相続財産と合算する必要があります。相続税の計算は、被相続人の相続財産をすべて把握することから始まりますので、法定相続人でない前妻が受け取った保険金についても、いくら受け取ったかということを他の法定相続人に報告しなければなりません。

　ところが、前述のパターン③のように「契約者・死亡保険金受取人＝同一人」として加入していた場合には、かかる税金の種類は相続税ではなく所得税・住民税となります。そのため、被相続人の相続財産とは関係がなくなり、前妻は、自分のその年の所得と合算し、所得税・住民税を納めれば課税関係は終了します。もちろん、死亡保険金を受け取るためには、生命保険会社に被相続人の除籍謄本等の提出が必要になるため、相続人に死亡保険金の受取請求をすることを伝えて書類を備える必要はありますが、受け取る金額についてまで教える必要はありません。

　また、子どもが２人おり、そのうちの１人に財産の多くをこっそりと遺したいという人もいると思います。こういった場合も、パターン①の契約形態であれば、相続税がかかるかどうかの判断のために、受け取った死亡保険金額を他の相続人に教える必要がありますが、所得税・住民税のかかるパターン③の契約形態であれば、通常は、受取金額まで教える必要はなく、こっそりと遺すことができます。

　このように、生命保険は契約形態で課税関係が大きく異なり、課税金額だけでなく、税金の納め方にも違いを生じさせることになります。

Case Study **1**

概要 >>>

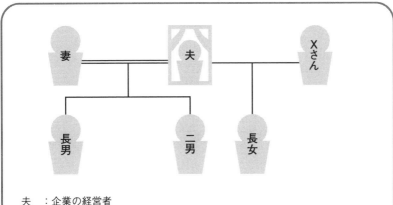

夫 ：企業の経営者
長男と二男：妻との間の子で、2人とも上場企業に勤務
長女：婚姻関係にないXさんとの間の子で、認知は受けている
Xさん：長女と2人分の生活費をもらっている
相続財産：自宅のほか、自社株式、企業のビルなど多数

　このたび、夫が亡くなりました。そして、相続財産は、ほとんどを妻、長男、二男が分割し、長女には養育費として成人になるまで月間40万円に相当する金額を支払うことで遺産分割が成立しました。
　一方、死亡した夫は、長女の将来とXさんの生活のために、長女には次のような生命保険で大きな死亡保険金を遺すことで対応していました。

〈長女が預かっていた保険証券〉

契約者	被保険者	死亡保険金受取人	保険種類	保険金額
夫	夫	長女	終身保険	7,000万円

　長女は用意されていたこの死亡保険金を、妻、長男、二男には内緒で一時金にて請求しました。請求を受けた生命保険会社は、死亡保険金受取人からの請求でもあり、死亡保険金を支払いました。

　死亡保険金を受け取ってから約1年後、税務署から連絡があり、相続人は相続税の追徴を受けました。ご想像のとおり、妻、長男、二男は大激怒しました。

ポイント 》》

　今回のポイントは、「こっそり渡したい気持ちはわかるものの、このような契約形態の場合、受け取った死亡保険金は相続税の課税対象となってしまい、他の相続財産と合算する必要がある」ということです。

　たしかに死亡保険金は、受取人固有の財産として長女に支払われます。しかし、相続税の申告・納税を考えると、各相続人に知らせないわけにはいきません。

　なぜなら、相続税の計算のためには、この長女が受け取った死亡保険金を相続財産に合算する必要があるからです。

　もし、被相続人（夫）が、「契約者」を自分自身ではなく長女とし、保険料として必要となる資金を長女に贈与して長女が保険料を負担していれば、今回の死亡保険金に係る課税は所得税（一時所得）タイプとなり、長女は自分自身で税金（所得税・住民税）を納めるだけで課税関係が終了し、妻、長男、二男に受取金額を知らせる必要はありませんでした。

〈加入しておくべきであった生命保険〉

契約者	被保険者	死亡保険金受取人	保険種類	保険金額
長女	夫	長女	終身保険	7,000万円

　生命保険契約においては、課税の多寡だけではなく、死亡保険金を受け取った際の課税後の手続までを考え加入すべきといえます。

　特に、被相続人が、特定の人にこっそり保険金を渡したいなどと考えているような場合には、争族の可能性も考えて生命保険を活用した対策を検討する必要があります。

3 生命保険は受取人固有の財産

生命保険の死亡保険金の取扱い

　生命保険の死亡保険金は、民法上では相続財産になりません。

　死亡保険金受取人として特定の人が指定されている場合、生命保険金請求権を取得するのは、保険契約における「死亡保険金受取人」としての資格に基づいて受領するものになります。つまり、生命保険は、被相続人の相続財産ではなく、死亡保険金受取人の固有の財産といえます。そのため、遺産分割の対象にもなりません。

> （民法896条）
> 相続人は、相続開始の時から、被相続人の財産に属した一切の権利義務を承継する。ただし、被相続人の一身に専属したものは、この限りでない

　預貯金や株式など、生前であればすぐに現金として受け取ることができる金融商品も、財産を保有している本人が死亡した場合には、被相続人がもともと保有していたものであるため「本来の相続財産」となります。そのため、相続人間で遺産分割協議が調い、各人の相続分が確定してはじめて現金化が可能になります。

　もし、争族になり、遺産分割協議が調わなかった場合であっても、相続預金としての預貯金額については、令和元年7月1日からはひとつの金融機関で、預貯金口座残高の3分の1に各自の法定相続分を乗じた金額の合計額、または150万円のいずれか少ない金額までは、単独で払戻しが可能となりました。それを超える金額が必要な場合には、家庭裁判所の判断が

　必要となり、他の共同相続人の利益を害さないことが判明すれば仮払いが認められます。一方、仮払いが認められない場合は、遺産分割協議が調うまで払戻しができません。なお、他の相続財産については、遺産分割協議前の現金化の手続はできません。

　生命保険の場合、死亡保険金の受取人が確定しており、受取人固有の財産として遺産分割協議とは関係なく手続が可能であることから、生命保険の死亡保険金は請求書類などに不備がない限り、請求手続をしてから5営業日以内に受け取ることができるのが一般的です（実際の取扱いは、生命保険会社で異なります）。

　生命保険では、死亡保険金を配偶者、子ども、両親、兄弟姉妹などだれにいくら渡すのか、自由に決めることができます（生命保険会社にもよりますが、従兄弟などまでは指定することができても、まったくの第三者の場合には、指定できないケースもあります）。

　前妻との間に子どもがいる夫の場合、相続が発生すると、この前妻との間の子どもも当然相続人になります。離婚後、前妻が子どもの親権を持ち、そのまま連絡ができなくなっているケースもあります。また、兄弟の1人が失踪していて連絡することができなかったり、相続人の数が相当数いてなかなか話し合いもできなかったりするなど、さまざまなケースが考えられます。

　遺言がない場合でも、相続人がすぐに集まって話し合いができれば、遺産分割協議は開始できますが、まったく会ったことのない相続人がいる場合、何とかその人を探し出して、遺産分割協議の話し合いの場についてもらう必要が生じてしまいます。探し出すことに時間がかかると遺産分割ができず、当面の生活費に困るといった事態もよく耳にします。

　生命保険の死亡保険金であれば、遺産分割協議とは関係なく、特定の人

に現金を渡すこともできるため、安心感が高く、争族対策としても利用しやすいといえます。

　また、生命保険は特段の事情がある場合を除き、遺産分割協議の対象外とされており、原則として遺留分侵害額請求権の対象財産にならないとされています。この点も、生命保険で財産を遺すことのメリットといえます。

Case Study ②

概要 >>>

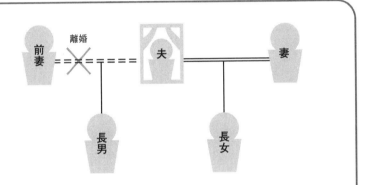

夫　：65歳。現在は、会社を退職し年金で生活。前妻と25歳で結婚し長男が
　　　生まれたが30歳で離婚。現在は養育費を支払っておらず、前妻と長男
　　　とも音信不通の状況
妻　：45歳。10年前に夫と結婚した
長男：前妻との間の子で、現在は37歳になるものの所在不明
長女：現在の妻との子で、9歳になる
夫の相続財産は、退職金や母親から相続した財産がほとんどで、銀行預金と上
場株式を合わせて約4,000万円。自宅は妻の財産

　夫は、退職時にほとんどの生命保険を解約しており、加入しているのは
医療保険だけです。このたび、持病の悪化に伴い夫が急逝しました。

〈夫が加入していた生命保険〉

契約者	被保険者	死亡保険金受取人	保険種類	払込
夫	夫	妻	医療保険	60歳満了

　相続にあたり、相続税の計算における遺産に係る基礎控除額の範囲内ではあるものの、遺言書もなかったため、相続人である長男を探し出すことから始めました。何とか長男を見つけ、相続についての協議を開始したものの、長男は法定相続分である相続財産の4分の1を頑なに要求し、話し合いでは結論が出ない状況です。長女が小さいこともあり、妻としても譲れず、現在は調停になっています。銀行預金も含めて、夫名義のすべての財産は動かせない状況でもあります。

ポイント 》》》

　今回のポイントは、「子ども（長女）の年齢を考慮して、生命保険の解約をせずに万一に備えた保障と準備はできなかったのか、また、保険の新規加入が難しくても、所在不明の長男がいることをふまえて現在の妻と長女の今後の生活資金の確保ができなかったのか」ということです。

　今回のケースのように、持病がある夫の場合で、再婚相手との間の子ども（長女）がまだ小さく、特に相続人のなかに連絡がつかない長男がいるのであれば、まずは、遺言書を作成し、現在の妻と長女に自身の財産を遺すようにしておくことは最低限必要といえます。

　また、持病があるために、生命保険に加入できないと思っている人も多くいます。しかし、現在は持病があっても加入できる一時払終身保険などの商品もあるので、現預金や株式等の流動性資産だけでなく、生命保険により万一に備えることを検討すべきだったでしょう。

　特に、長女と妻に対して、財産をより多く遺しておきたいということであれば、遺せる金額をすべて一時払保険料として支払って生命保険とすることも可能です。たとえば、次のような保険を検討すべきだったといえます。生命保険であれば、長男と遺産分割協議をする必要もなく、死亡保険金受取人の妻・長女が確実に受け取ることができました。

契約者	被保険者	死亡保険金受取人	保険種類
夫	夫	妻・長女	一時払終身保険

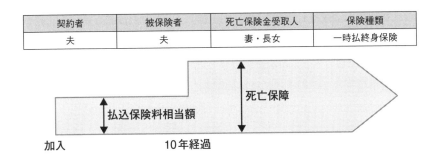

　今回のケースは、時期にポイントがあります。退職時に退職金としてまとまった金額が入ってきたので、死亡保障は必要ないと考えて解約されたのかもしれませんが、その当時は長女がさらに小さかったのですから、生活資金や万一の備えについて、遺言などの相続のしくみとあわせて確認・検討することが大切でした。

　そして、確実に財産を遺すための準備として、生命保険への加入を検討しておくべきでした。

生命保険と相続放棄

（1）相続放棄

　被相続人が多額の借入金を残して亡くなってしまったような場合、その法定相続人（配偶者や子どもなど）に借金を相続・承継させてしまうと、残された遺族の生活は困窮してしまいます。それを避けるために、相続を放棄するという手続があります。

　一般に、相続放棄は、相続財産のうち借金などの消極的財産が多い場合、または事業承継などのために積極的財産を承継したくない相続人がいる場合などで利用されています。そして、この相続放棄は、各相続人が単独で行うことができます。

　相続に際して、法的に借入金を承継しない方法としては、相続放棄しかありません。相続放棄をするためには、各相続人が相続人になったことを知った時から3カ月以内に家庭裁判所に対して申述する必要があります。遺産分割協議や相続人の間で、相続を放棄すると口頭で合意したといっても、法的な効力はありません。必ず、家庭裁判所に申述しなければなりません。

　いったん相続放棄をすると、財産はいっさい取得できなくなります。また、相続を放棄した人が、相続財産の全部または一部を処分した場合や、相続放棄をした後であっても、相続財産の全部または一部の隠匿や、相続財産を消費またはわざと財産目録に記載しなかった場合には、相続放棄自体が無効になります。なお、生命保険の死亡保険金は、民法上の相続財産ではないため、相続を放棄した人であっても受け取ることができます。

　中小法人などのケースでは、社長が法人の債務の連帯保証人になってい

ることがよくあります。

　社長であった夫に万一のこと（死亡）があると、この社長の連帯保証債務は、相続発生と同時に社長であった夫の相続人に法定相続分に応じて相続されます。たとえ遺産分割協議で借入金の分配について相続人の間で決めたとしても、銀行等の金融機関、その他の債権者等（貸主）との関係では、債権者保護の観点から債務者の変更には債権者の承諾が必要となり、承諾がなければ借入金は法律上は法定相続分に従って相続されます。つまり、債権者は、債務を承継した相続人それぞれに対し返済を請求することができるということになります〔図表２－７〕。

〔図表２－７〕借金を残して社長が死亡し、借入金１億円を相続した場合

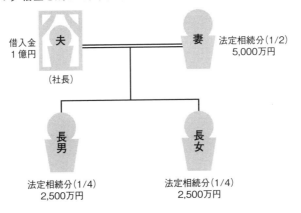

一般に、相続放棄をしなかった場合、借入金をだれかが代表して返済することになります。その場合には、主に次の2つの方法がとられます。

①妻が長男・長女の債務を引き受ける（免責的債務引受）

　債務のすべてを引き受ける妻が、借入金を長男や長女（債務者）に代わって負担する方法で、長男や長女は免責されます。引受人である妻が債権者との間でこの契約をする場合、債権者が長男や長女にその旨を通知する必要があります。また、長男・長女と妻（債務引受人）の間でこの契約をする場合には、債権者の承諾が必要になります。

②妻が個別に新規借入れをして借り換える

　借入金の引受人である妻が、銀行等（債権者）と妻（債務引受人）の間で借換え（妻が被相続人の債務を一括返済し、妻が新規借入れを行う）をすることも可能です。ただし、担保の抹消・新規設定等の登記費用が多額にかかります。

　そこで、相続放棄です。このケースのように債務が多額な場合、相続人である3人ともが相続放棄を行えば、だれも財産を取得しない代わりに、だれも借入金の返済義務を負うことはなくなります。

（2）相続放棄をして受け取った生命保険の課税

　相続を放棄しても、生命保険の死亡保険金は受け取ることができ、この保険金は、相続税の課税対象となります。

　死亡保険金には、「500万円×法定相続人の数」の非課税限度額がありますが、相続放棄をした人が受け取った場合にはこの非課税限度額の適用は受けられません（相続を放棄していない人が死亡保険金を受け取った場合は、法定相続人の数に相続を放棄した人も加えて非課税限度額を計算します）。

　なお、相続財産のなかで借入金が多く、相続人の全員が相続を放棄した場合には、保険金額がそのまま相続財産になります。この死亡保険金が相続財産のすべてである場合、この後の相続税計算は相続を放棄した場合もしない場合も同様に計算します〔**図表2-8**〕。

〔**図表2-8**〕**夫が死亡し、借入金が多く法定相続人の全員が相続を放棄した場合**

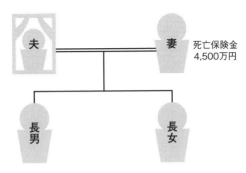

夫
妻　死亡保険金
　　4,500万円
長男
長女

基礎控除額：3,000万円＋600万円×3人＝4,800万円

4,500万円－4,800万円＜0

（※　生命保険金の非課税限度額の適用は受けられない）

∴課税なし

Case Study 3

概要

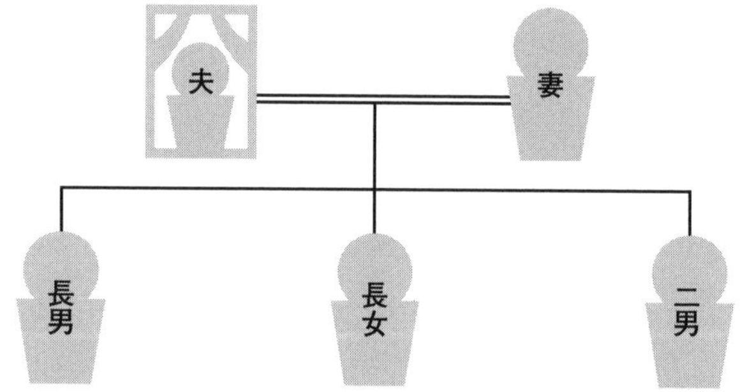

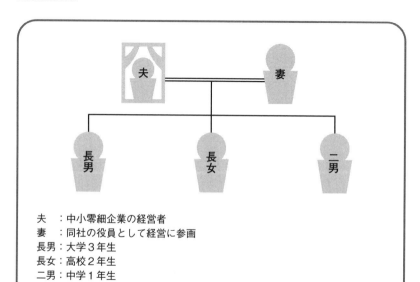

夫　：中小零細企業の経営者
妻　：同社の役員として経営に参画
長男：大学３年生
長女：高校２年生
二男：中学１年生

〈加入している生命保険〉

契約者	被保険者	死亡保険金受取人	保険種類
法人	夫	法人	長期平準定期保険

法人が契約している当該保険は、勇退時の退職慰労金の準備として加入しており、借入金や短期買掛金などの負債をカバーできる金額ではありませんでした。また、夫が加入している保険は、このほかに医療保険程度で、終身保険や定期保険には個人として加入していませんでした。

　会社の経営状況が悪化しているなか、夫が他界しました。妻は、経営状況が悪化している会社の清算を決めたものの、相続財産は借入金のほうが多く、相続人全員で相続放棄をすることにしました。

　しかし、夫婦ともに法人の借入金に対して連帯保証人となっていたため、妻に借入金が残ることになり、妻は相続放棄と一緒に自己破産をすることにしました。

ポイント ≫

　今回のポイントは、「法人経営者であっても、個人として家族を守るための生命保険には加入しておくべきであり、死亡保険金は、相続を放棄した場合であっても受け取ることができる」ということです。

　経営者の場合、法人で契約する生命保険とは別に、家族のために個人契約でも生命保険に加入する必要があります。つまり、会社経営と家族の生活を別々に考えて、生命保険を活用することが大切といえます。

　中小零細企業の場合、経営者自らが借入金の（連帯）保証人になっているケースも多く、今回のように、夫婦ともに（連帯）保証人になっているという場合もよくあります。さらに、自宅までが借入金の担保として押さえられていることも多いようです。生命保険に加入する余裕すらないとお話しされる経営者も多くいますが、家族を守る点からいえば加入すべきといえます。

　たとえば、死亡保険金受取人は、一般には妻を選択しますが、妻が連帯保証人になっている場合などには、子どもを指定することで、子どもの今後の生活を守ることができます。

〈加入しておくべきであった生命保険〉

契約者	被保険者	死亡保険金受取人	保険種類
夫	夫	長男・長女・二男	組合総合保障保険

　今回のケースでは、子どもたちも相続を放棄しました。しかし、死亡保険金は、たとえ相続を放棄していたとしても受け取ることはできます（死亡保険金の非課税限度額の適用は受けられません）。まだまだ学費のかかる３人の子どものためにも、是非とも検討しておきたいところでした。

　子どもの将来を考えると、個人の保険で死亡保険金を遺すことが何よりも必要になります。

5 生命保険と遺留分侵害額請求

遺留分

　民法では、法定相続人には最低限確保できる相続分が定められており、この最低限の相続分のことを遺留分といいます〔**図表2-9**〕。

　この遺留分が遺言などで侵害された場合、遺留分が侵害されている法定相続人は、遺留分を侵害している他の相続人に対してその侵害額に相当する金銭の支払を請求することができます。

〔図表2-9〕法定相続人の遺留分一覧

	遺留分	各人の遺留分			
配偶者と子	1/2	配偶者	1/4	子	1/4
配偶者と直系尊属	1/2	配偶者	1/3	直系尊属	1/6
配偶者と兄弟姉妹	1/2	配偶者	1/2	兄弟姉妹	なし
配偶者のみ	1/2	配偶者	1/2		
子のみ	1/2	子	1/2		
直系尊属のみ	1/3	直系尊属	1/3		
兄弟姉妹のみ	なし	兄弟姉妹	なし		

　この遺留分の請求について、令和元年7月1日に民法が改正されました。改正によって、従前の遺留分減殺請求権は「遺留分侵害額請求権」と改められ、さらに金銭債権となりました。

　これまでは遺留分を侵害された法定相続人が遺留分を侵害している相続人などに対して遺留分減殺請求をした場合には、現物での返済も認められていましたが、今回の改正で、遺留分侵害額請求は金銭での請求となり、この侵害分の請求については、必ず現金で支払うことが求められるように

なりました。

　相続人が受け取った財産が、土地や法人の自社株式等の現金化が簡単ではない場合であっても、原則としてこの請求に対しては現金での支払が求められることを考えると、ある程度は、流動性資産を用意しておく必要性が高まったといえます。

Case Study ❹

概要 》》

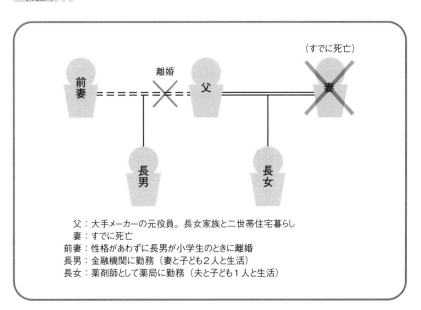

父：大手メーカーの元役員。長女家族と二世帯住宅暮らし
妻：すでに死亡
前妻：性格があわずに長男が小学生のときに離婚
長男：金融機関に勤務（妻と子ども2人と生活）
長女：薬剤師として薬局に勤務（夫と子ども1人と生活）

〈加入している生命保険〉

契約者	被保険者	死亡保険金受取人	保険種類
父	父	長女	医療保険

　父は、二世帯住宅を建てる際に、保有していた株式等を整理して資金に
あてており、財産のほとんどがこの自宅となっています。年金は生活費と
して長女に渡しており、入院などへの準備ということで医療保険に加入し
ています。

父としては、二世帯住宅については長女に遺したいと考え、公正証書遺言を遺しています。遺言には全財産を長女にと記載してあるので、相続はこれだけで終了すると考えています。

ポイント 》》》

　仮に、遺言があっても、長男には相続人として遺留分があるので、長女に対して、遺留分侵害額請求が行われる可能性があります。

　その場合、長女は長男からの遺留分侵害額請求に対して金銭で対応することが必要になります。相続財産が自宅だけなので、長女自身の財産から現預金を支払わなければなりません。生命保険を活用して現金を準備するために、一時払いで保険料を支払う余裕がないのであれば、年金から支払うことができる平準払いの生命保険への加入を検討します。

契約者	被保険者	死亡保険金受取人	保険種類
父	父	長女	平準払終身保険

　以前であれば、遺留分減殺請求に対して、現物で対応することもできましたが、民法改正で金銭のみでの支払となりました。そのため、終身保険に加入しておくことで、長女が死亡保険金を受け取り、この保険金で遺留分侵害額請求に対応することができます。

　最近では、二世帯住宅に親子で住んでいるケースも多いと思われます。遺言の準備だけではなく、不足する可能性のある資金準備として生命保険への加入を検討しましょう。

6　生命保険と代償分割

（１）代償分割

　「相続財産のうち、土地建物は先祖代々のものだから長男に相続させたい、しかし、その場合には二男や長女の遺留分を侵害してしまう…」、このような場合であっても、死亡保険金を活用することで、争族を回避することができる場合があります。まさに、遺産分割において生命保険を活用した争族対策です。

　遺産分割をするにあたっては、次の３つの方法があります。

①現物分割

　最も一般的な遺産分割で、遺産を現物のまま、実際の財産ごとに取得者を決める方法です。

②換価分割

　共同相続人のうちの特定の相続人が、相続により取得した財産のすべてまたは一部を金銭に換金し、相続人に金銭で分配する方法です。

③代償分割

　共同相続人のうちの特定の相続人が、財産を相続する代わりに、他の相続人に金銭などを与える方法です。

　相続における土地建物等の財産は、各相続人が分けて受け取ることができれば問題はないものの、財産の内訳、企業経営上の方針、地域性や考え方などもあり、なかなかそうはいかないこともあります。特に、自宅、農地、自社株式などの相続財産を特定の相続人が受け継がなければならない状況の場合、つまり、相続財産を分割してしまうと不都合が生じてしまうような場合では、現物分割も換価分割も難しいことがよくあります。この

ことが争族の火種となります。そこで、このようなときは、生命保険を活用した「代償分割」を検討することになります。

　たとえば、父が、自宅として土地建物5,000万円、現預金1,000万円を遺して死亡したケースで考えてみましょう。妻である母はすでに亡くなっており、自宅に同居していた長男が自宅を相続し、長女が現預金を受け取ることにしたケースです。

　長男は満足でしょうが、長女が満足するとは考えにくいと思われます。「不公平だし、相続は平等なんだから、土地建物を売るなりして残りの2,000万円がほしい」などと主張され、争族に発展してしまうことは容易に想像できます。

　そこで、父の死亡時に受け取ることのできる生命保険に加入することを検討します。長男が受け取った死亡保険金を、代償交付金として長女に渡すことで、争族を回避することができます〔図表2−10〕。

　代償財産（交付金）を含んだ相続税の課税価格は、代償財産を交付した人については、相続または遺贈により取得した現物の財産の価額から交付した代償財産の価額を控除した金額となります。代償財産の交付を受けた人については、相続または遺贈により取得した現物の財産の価額と交付を受けた代償財産の価額の合計額になります。

　ただし、代償財産として交付する財産が現預金ではなく相続した人の固有の不動産であるような場合には、遺産の代償分割により負担した債務を履行するための資産の移転となり、その時の時価で資産を売却（譲渡）したとみなされ、代償財産を交付した人に、売却（譲渡）益に対して所得税・住民税が課されるため注意が必要です。

　また、長男から長女への贈与とみなされないよう、遺産分割協議書のなかで代償分割であることを明確にしておくことも必要になります。

〔図表2−10〕代償交付金の検証事例①

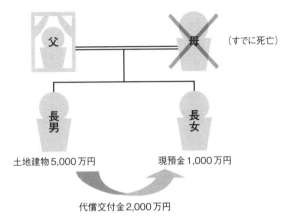

土地建物5,000万円　　　　　現預金1,000万円

代償交付金2,000万円

長男5,000万円−2,000万円＝3,000万円
長女1,000万円＋2,000万円＝3,000万円　　　平等

（2）特別受益と生命保険

　相続人のなかで、被相続人から特別の利益を受けていた人がいる場合に、単純に法定相続分で分け合うと、他の相続人にしてみれば、「これまでももらっていたでしょ！不公平だ！」などと不満の声が上がり、争族の火種になってしまうおそれがあります。

　そこで、この不公平を是正しようとする制度が「特別受益」です。つまり、特定の利益を受けていた相続人がいる場合、その相続人は、遺産分割にあたって受けるべき相続財産の前渡しをされていたものとして、贈与された価額を相続財産に加算して遺産分割を考える制度です。この考え方を「特別受益の持戻し」といいます。

なお、特別受益となるのは、被相続人から相続人に対する生前贈与または遺贈とされています。そのため、原則として相続人でない人に対する生前贈与や遺贈は対象外になります。

　一般に、特別受益とみなされるものには、次のようなものがあります。

> ・結婚式や養子縁組の際の持参金や支度金
> 　※　結納金、挙式費用は特別受益にあたらない
> ・独立して事業を始めるときの開業資金
> ・家を建ててもらったり、住宅を取得するための資金　など

　死亡保険金は、被相続人の財産ではなく、死亡保険金を受け取る人の固有財産とされているため、特定の相続人が受け取った場合であっても、よほどの不公平がない限り、特別受益にはならないとされています。これは、特定の相続人に財産を遺したいと考えた場合の大きなメリットです。

> （判例（最高裁平成16年10月29日判決））
> 死亡保険金は,民法903条1項に規定する遺贈又は贈与に係る財産（特別受益財産）には当たらないと解するのが相当である。もっとも,保険金受取人である相続人とその他の共同相続人との間に生ずる不公平が民法903条の趣旨に照らし到底是認することができないほどに著しいものであると評価すべき特段の事情が存する場合には,同条の類推適用により,当該死亡保険金請求権は特別受益に準じて持戻しの対象となると解するのが相当である。

　なお、特別受益には持戻しの免除もあります。被相続人が遺言などで、このような特別受益の持戻しをしないという意思表示をしていれば、その意思表示に従うとされています。この意思表示の方式は、特別の方式を必

要としておらず、遺言、生前行為または明示でもよいとされています。

　たとえば、前述の例で、父が長男に2,000万円の死亡保険金を遺していたケースを考えてみましょう〔**図表2－11**〕。

　長男は、もともと土地建物5,000万円と死亡保険金2,000万円を合わせた7,000万円を受け取っていますが、生命保険の死亡保険金は受取人である長男固有の財産として特別受益にはあたりません。したがって、長男は、この2,000万円の死亡保険金を別にして、長女と3,000万円ずつの遺産分割をすればよいことになります。このように、父が生命保険に加入していたことで長男がもともと保有している財産を減らすことなく、しかも争族が生じることなく、円満に“そうぞく”を行うことができます。

　争族対策として生命保険を活用する際に、財産を多く受け取る相続人のほうではなく、受け取る財産が少なく不満を抱きやすい相続人を死亡保険金受取人として契約しているケースをよく目にします。しかし、この場合、死亡保険金は受け取ったが、死亡保険金は特別受益にあたらないことを逆手にとって、他の財産を二等分してほしいなどの要求をされることが予想されます。

　したがって、生命保険金を代償交付金として活用する際には、「財産を多く遺したい相続人を死亡保険金受取人に指定し、確実に現金を渡す準備をしておく」ことが重要です。死亡保険金を受け取った相続人が、その保険金を原資として代償交付金を渡すといった活用こそ、争族対策における生命保険の加入方法として最も有効といえます。

〔図表2−11〕代償交付金の検証事例②

契約者	被保険者	死亡保険金受取人	保険種類	保険金額
父	父	長男	終身保険	2,000万円

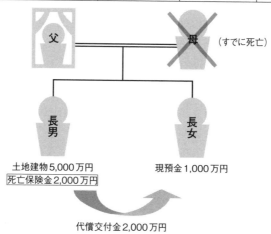

長男5,000万円−2,000万円＝3,000万円
　※　死亡保険金は特別受益とはならない
長女1,000万円＋2,000万円＝3,000万円
⇨平等

Case Study 5

概要 》》》

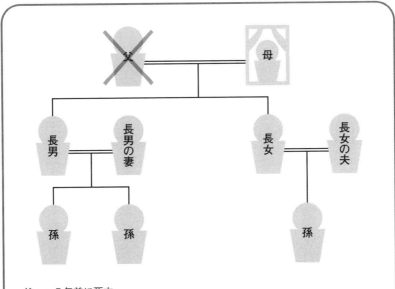

父　：5年前に死亡
母　：長女夫婦と同居。父が死亡時に全財産を相続した
長男：妻と子2人。自宅は自ら購入し、母とは別に暮らしている
長女：夫と子1人。父の存命中から両親と同居している
母の相続財産：自宅が主な財産で、土地建物で約4,000万円

〈母が加入していた生命保険〉

契約者	被保険者	死亡保険金受取人	保険種類
母	母	長男・長女	医療保険

父が死亡した際、相続人である母、長男、長女で話し合って、父の相続財産のすべてを母が相続することにしました。当時、長女は、自宅で母とともに父を介護して最期を看取り、その後数年して、今度は母に介護が必要となってからも、亡くなるまでの３年間にわたって母の介護をしてきました。

　母の相続財産は、同居する自宅が主な財産で、現預金は介護費用などで使われたため若干残っている程度です。

　母は、生前「自宅は長女に遺す」という発言を何度もしており、長男もこの言葉を何度も聞いていたことから、長女はそのまま自宅に住めるものと思っていました。

　母の葬儀が終わってしばらくして、長男から長女に内容証明郵便が送られてきました。その内容は、土地建物は長女が相続してもよいが、自宅の財産価値が4,000万円程度あるので、その半額の2,000万円を代償交付金として自分に支払うようにとのことでした。長女夫婦は、現金2,000万円なんて支払えない旨を伝えたところ、長男は「財産は二等分してほしい。長男として法定相続分は受け取る権利がある」と主張し続けました。

　結局、長女夫婦は自宅を売却し、売却代金の半分を長男に渡すことになったのです。

ポイント　》》》

　今回のポイントは、「争族は予期せぬところに生じるため、母が長女に確実に資産を渡したいのであれば、生命保険を利用して長女を受取人とする死亡保険金を用意すべきだった…」ということです。

　特に、財産が分割しにくい自宅（土地建物）に集中している際には、そ

の検討が必要になります。

　財産のほとんどが自宅（土地建物）という場合、財産を分与するために
は自宅を処分するか、自宅を相続する相続人が自分の財産を処分するなど、
代償交付金の用意が必要になることがあります。

　自宅で介護をしていた今回の長女のような場合、「寄与分」に期待する
こともあるかもしれません。しかし、寄与分として受け取れる金額はそう
多くはなく、あまり期待できないのが実情です。

　今回のようなケースでは、自宅には今後も長女夫婦が住み続けるため、
相続財産のほとんどを長女が取得することになります。これでは、長男が
満足しないことは十分に予想できたはずです。

　そのため、生前に、母が長女を受取人とする生命保険を用意しておけば、
長女は受け取った死亡保険金を代償交付金として長男に渡すこともでき、
円満な相続対策につながったかもしれません。もちろん、長女夫婦が長男
の主張する代償交付金を準備するために、自宅を売却することもなかった
ということになります。

契約者	被保険者	死亡保険金受取人	保険種類
母	母	長女	終身保険

寄与分
民法では相続人のうち、故人の生前における財産の維持や増加、ある
いは故人の療養看護などに特別の貢献があった者については、遺産分
割において、法定相続分によって取得する額を超える遺産を相続でき
ると定めています。寄与分の決め方は、まず相続人の間での遺産分割
協議によって定められますが、協議がまとまらない場合、調停や審判
で決められる場合もあります。

其の3　セミナーでの小話（開催編①）

　セミナーを開催するにあたっては、お客さまに気持ちよくお聞きいただけるよう、会場の雰囲気づくりには気を使っています。

「講師の立ち位置」

　私が行っているのは、セミナー、つまり講演会です。講義ではありません。"講演"と"講義"の違いは「演じるか」「説明するか」の違いとよくいわれます。もちろん、講演会でも正しいことを説明しなければなりませんが、ただ説明するのではなく、お客さまの立場に立って、内容を伝えることが何よりも大切です。

　その際に、一番気をつけていることに"目線"があります。

　講師の目線が、上からすぎるとお客さまに圧迫感を与えてしまいますし、低すぎるとお客さまに飲み込まれてしまいます。参加人数にもよりますが、経験上、着席されているお客さまにとって一番よい目線は、壇上に上がらずに立って行う位置だと思います。

「設営と距離感」

　会場がホテルの場合、お茶などのサービスをするために机と机の間を広めに設定されることが多くなります。ホテルを使えば、とてもきれいで便利ですし、満足感アップにつながりますが、広い会場になればなるほど、講演における講師との距離も拡がります。

　その点、セミナーハウスなどのように講演専門会場の場合、講演が聴きやすいよう設計されていますので、ホテルほど満足感は与えられませんが、講演者との距離感がちょうどよい雰囲気になります。

　こういった会場の広さや距離感などは、お客さまの満足感に差が出やすい部分でもあります。どちらの会場であっても、最大限に満足いただけるよう、早めに会場に到着し、スタッフとともに準備を心がける気持ちが何よりも大切です。

コラム

其の4　セミナーでの小話（開催編②）

　いつもいる場所でセミナーを実施する場合は、勝手もわかっているのであまり気にしませんが、やはり移動して別の場所で開催するとなると、いろいろと気を配ります。

「到着時間」

　私の場合、セミナーの受付開始時間の30分以上前には、会場に着くように心がけています。というのも、会場によっては机を動かす必要が出てきたり、講義用の机そのものを変更してもらうなど、現場ならではのトラブルの種が潜んでいるからです。たとえば、ホワイトボードを用意してはあるけれど講義机がその前に置いてある場合、せっかく前列から座っていただいたにもかかわらず、お客さまにボードが見えにくいといったトラブルも発生します。会場に着いたら、お客さまの目線で座ってみて、必要があれば指示を出す、そのための予備時間です。

　資料が届いていない・準備できていない・変更があるといった場合や、交通トラブルもありますので、やはり早めの到着が安心です。

「締めくくり」

　セミナーの最後のあいさつは、本当に大切だと思います。セミナーへの好印象を抱いてもらい、余韻を残しつつ失礼がないように…、どのように締めくくれるかは、いまなお模索している部分です。

　締めくくりとして「当日の内容を端的に一言でお伝えする」、これがポイントを明確にし、お客さまの理解を深め、好印象につながることが経験上、わかってきました。

　決め台詞の一例は、「皆さまにとってもご家族にとっても、"そうぞく"が円満なものになりますことを祈念して、私のお話の結びとさせていただきます。ご清聴ありがとうございました」です。使ってみてください（笑）

第3章

事業承継対策
～法人のためのそうぞく対策～

1 事業承継対策の必要性

（1）事業承継とは

　法人の経営者の場合、第1章での相続対策、第2章での争族対策だけで
なく、後継者に、いかに円滑に企業経営を引き継ぐかといった側面も考え
る必要が出てきます。つまり、個人で行うべき"そうぞく（相続・争族）
対策"にプラスして、事業承継対策を考えなくてはなりません。

　なお、本章では、「法人＝中小企業」として考えて、非上場株式を多く
保有する企業経営者（オーナー社長）を前提に確認していきます。

　この事業承継対策も、相続対策と争族対策に区分して考えることができ
ます〔図表3－1〕。

〔図表3－1〕法人（企業）における事業承継対策

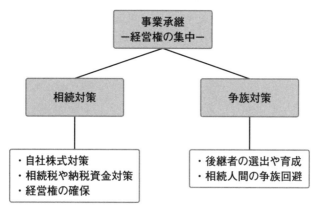

　経営する法人を、自分の代で廃業したり、売却してしまう予定であれば、必要となる対応は違ってきますが、企業を後継者に引き継がせる場合には、事業承継の準備はとても大切になります。

　そして、事業承継を成功させるためには、「経営権の集中」が重要なポイントになります。

（2）経営者の相続

　中小企業庁が実施したアンケートによると、オーナー経営者が保有している相続財産のうち、約7割が事業用資産となっています。特に、そのうちの約3〜4割は自社株式です。経営者がその多くを有する事業用資産を長男などの後継者に集中しようとしても、複数の相続人がいる場合には、法定相続分で分けると事業用資産が分散してしまい、経営に支障をきたすおそれが出るといった問題が生じてしまうことがあります。

　このことから、事業承継を考えていくためには、事業用資産を含めた遺産分割とその対策、とりわけ自社株式対策が必要になることがわかります。

　また、同アンケートによれば、遺留分侵害額請求権（当時は遺留分減殺請求権）が行使された場合には後継者に事業用資産が集中できないという回答が5割近くもあり、このことは非上場の中小企業において、事業用資産の偏重からくる相続財産の集中が難しいことを表しているといえます。

〔図表３－２〕企業経営を安定させるための自社株式（議決権）の割合

議決権比率	主な権利
1/3超	定款変更、Ｍ＆Ａ（簡易組織再編を除く）といった事項（特別決議事項）の決定には、株主総会で３分の２以上の賛成が必要とされています。議決権の３分の１以上を手に入れれば、こういった議案を否決できるようになります。
過半数	議決権の過半数を手に入れると、株主総会で取締役や監査役を選任できるようになり、経営権を握って子会社化ができます。また、特別決議事項以外の議案について、単独で可決や否決ができるようにもなります。
2/3以上	特別決議事項を単独で決定できるようになります。これは、その会社を完全に支配できるようになるといえます。

　一般的に、安定経営のためには、最低でも３分の２以上の株式を経営者に集中させることが必要といわれています〔図表３－２〕。

　たとえば、オーナー経営者であった父の相続時に、兄弟で自社株式を分割して取得した場合、後継社長以外の兄弟が保有している自社株式は、兄弟が死亡すると、その配偶者や子どもなどに相続されることになります。

　父の死によって長男が社長を引き継ぎ、そのときに二男も自社株式を相続、その後、二男の死亡により、二男の配偶者とその子どもが自社株式を相続するようなケースです〔図表３－３〕。

　先代社長である父が亡くなり、自社株式の相続人が、後継社長である長男と二男だけのときであれば、まだ経営上支障はなかったかもしれませんが、二男の死亡に伴い、会社経営に携わらない二男一家に次々に自社株式が引き継がれてしまうと、関係もどんどん遠くなりますし、自社株式の分散も進んでしまい、さまざまなトラブルの火種になり得ます。

　それを避けるために、法人やその時点の社長（長男）が買い戻すといったことを検討せざるを得なくなるケースも多く、その買戻資金が経営に影響を及ぼすくらい多額になることもあります。そのため、自社株式の移転については、今だけではなく将来までを見据えて考えることが必要です。

〔図表3−3〕自社株式の相続による分散イメージ

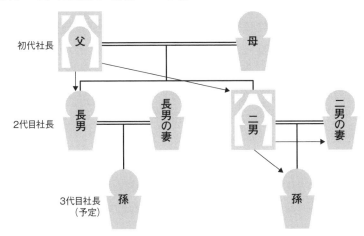

2 **自社株式の評価と対策**

（1）自社株式の評価

　非上場株式（＝取引所の相場のない株式）の評価には、原則的評価方式である「類似業種比準方式」と「純資産価額方式」、この２つの評価方式を加味して行う「折衷方式（併用方式）」があります〔**図表３－４**〕。

〔**図表３－４**〕 **代表的な３つの評価方式**

類似業種比準方式	その会社と事業内容が類似する上場会社の株価に比準して、配当・利益・簿価純資産の比準要素から、その株式の価額を評価する方式

$$\text{1株当たりの} \atop \text{類似業種} \atop \text{比準価額} = \text{類似業種} \atop \text{の株価} \times \frac{\dfrac{\text{評価会社の1株当たりの配当金額}}{\text{類似業種の1株当たりの配当金額}} + \dfrac{\text{評価会社の1株当たりの年利益金額}}{\text{類似業種の1株当たりの年利益金額}} + \dfrac{\text{評価会社の1株当たりの純資産価額}}{\text{類似業種の1株当たりの純資産価額}}}{3} \times \genfrac{}{}{0pt}{}{\text{斟酌率}}{\begin{array}{l}0.7\,(\text{大会社})\\0.6\,(\text{中会社})\\0.5\,(\text{子会社})\end{array}} \times \frac{\text{1株当たりの資本金等の額}}{50\text{円}}$$

純資産価額方式	その会社の課税時期に会社を解散して会社財産を処分し清算する場合に、いくらの払戻しがあるかを算出し、その株式の価額を評価する方式

$$\text{1株当たりの} \atop \text{純資産価額} = \frac{\left(\genfrac{}{}{0pt}{}{\text{相続税評価額による資産の合計額}}{} - \genfrac{}{}{0pt}{}{\text{相続税評価額による負債の合計額}}{}\right) - \left\{\left(\genfrac{}{}{0pt}{}{\text{相続税評価額による資産の合計額}}{} - \genfrac{}{}{0pt}{}{\text{相続税評価額による負債の合計額}}{}\right) - \left(\genfrac{}{}{0pt}{}{\text{帳簿価額による資産の合計額}}{} - \genfrac{}{}{0pt}{}{\text{帳簿価額による負債の合計額}}{}\right)\right\} \times 37\%}{\text{発行済株式総数}}$$

折衷方式（併用方式）	類似業種比準方式で算出した株価と純資産価額方式で算出した株式の評価額を、一定割合（Lの割合）で組み合わせて（加重平均して）評価する方式

$$\text{1株当たりの評価額} = \text{類似業種比準価額} \times \text{L} + \text{純資産価額} \times (1-\text{L})$$

　なお、この折衷方式（併用方式）で用いられる一定割合（Lの割合）は、会社規模等によって異なり、会社規模が大きいほど類似業種比準方式の割合が高くなります。

（2）自社株式の評価引き下げ

　企業の安定経営上、自社株式の移転が重要なことは理解いただけたと思います。次に問題になるのは、移転する際の金額です。

　自社株式を保有している場合、その自社株式の評価が上がれば相続財産が増えて相続税負担は増加します。逆に、自社株式の評価が下がれば相続財産は減って相続税負担は下がります。そのため、事業承継対策として、自社株式を現保有者から後継者に移転させるには、「評価額を引き下げてからの移転」を検討することになります。

　非上場会社における自社株式の評価額を下げるための方法には、評価方法ごとに次のような方法があります。

①類似業種比準価額の引き下げ

　類似業種比準価額は、配当金額・年利益金額・帳簿価額による純資産価額の3つの要素から計算されますので、3要素の値を引き下げることで評価額を引き下げることができます。具体的には、配当を無配にしたり、記念配当や特別配当とすることで評価の対象となる配当金額を下げることが考えられます。

　また、損金をより多く計上できれば、1株当たりの利益金額は減少します。そのための方法として、各種引当金の計上、減価償却費の計上などが考えられますし、高収益部門を分離するのもひとつの方法です。

②純資産価額の引き下げ

　純資産価額は、不必要在庫の処分、機械装置、器具備品等の除却、役員

に対する生存退職慰労金の支払などにより資産を少なくすることで評価額を引き下げることができます。また、貸倒れにできる債権を、貸倒損失として処理することによって評価額を引き下げることも可能です。

③折衷方式（併用方式）による引き下げ

純資産価額のほうが類似業種比準価額よりも、株式評価額が高くなる傾向にあります。したがって、会社の従業員の人数を増やしたり、売上を伸ばしたりすることで、会社規模を大きくしてＬの割合（類似業種比準価額に乗じる割合）を大きくすれば、評価額を引き下げることができます。

このように、いろいろな方法がありますが、どの方法がその会社にとって適しているかを知るためには十分な企業分析が必要です。自社株式を多く保有する経営者、引き継ぐことになる後継者の意見や懐具合、法人としての方針などをしっかり確認し、弁護士や税理士などの各種専門家に相談のうえ、対策を考えることが大切です。もちろん、後継者以外の相続人の同意も必要になりますので、遺言の活用や代償分割資産の準備として、生命保険を活用することなども同時に検討することが大切です。

（3）生命保険の経理処理

生命保険は、加入方法、保険種類によって経理処理が異なります。

生命保険の種類は、大きく「養老保険」「定期保険」「終身保険」の３つに区分されます〔図表３−５〕。なお、法人税法上、終身保険という記載はなく、養老保険に準じて処理することになっています〔図表３−６〕。

定期保険（第３分野保険を含む）には、最高解約返戻率に応じて特殊な経理処理が必要な商品もあります。「契約者＝法人」「被保険者＝役員・従業員」「死亡保険金受取人＝法人」とした２つの保険についてもみてみます〔図表３−７〕〔図表３−８〕〔図表３−９〕。

〔図表3−5〕生命保険の3タイプ

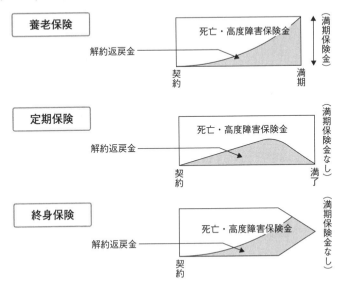

〔図表3−6〕原則的な生命保険の経理処理

〈契約者（保険料負担者）＝法人　被保険者＝役員・従業員〉

	保険金受取人		税務・会計上の処理	
	死亡保険金	満期保険金	主契約保険料	特約保険料
養老保険	法人	法人	資産計上	損金算入
	遺族	被保険者	給与	損金算入（注2）
	遺族	法人	1／2資産計上 1／2損金算入（注1）	損金算入（注2）
定期保険※	法人		損金算入（注3）	
	遺族		損金算入（注1）	

注1　特定の者のみを被保険者とする場合には給与に該当
注2　特定の者のみを受取人とする場合には給与に該当
注3　特約に係る受取人を特定の者とする場合、または職制によって著しい格差がある場合には、給与に該当
※　最高解約返戻率50％以下

〔図表３－７〕最高解約返戻率50％超の定期保険（長期平準定期保険のイメージ）

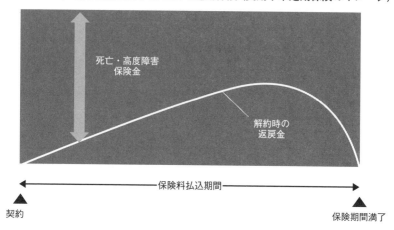

〔図表３－８〕最高解約返戻率50％超の定期保険（逓増定期保険のイメージ）

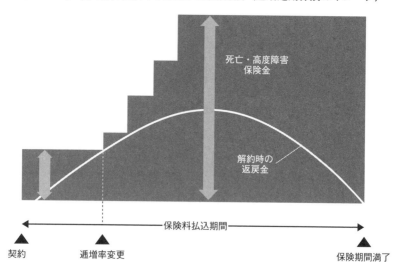

〔図表３－９〕令和元年７月８日以後加入の定期保険（保険期間３年以上）の経理処理

最高解約返戻率	資産計上期間※1	資産計上額※2	取崩期間※3・4
50％超70％以下※5・6	保険期間の前半40％	保険料の40％ （60％は損金算入）	保険期間の後半25％
70％超85％以下※6		保険料の60％ （40％は損金算入）	
85％超※6・7	保険期間開始の日から最高解約返戻率となる期間まで※8	〈10年経過まで〉 保険料×最高解約返戻率×90％ 〈11年以後〉 保険料×最高解約返戻率×70％	最高解約返戻金額となる期間経過後保険期間終了まで

※1　資産計上期間について、１月未満の端数が生じる場合には、その端数を切り捨てた期間
※2　当期分支払保険料の額に相当する額を限度
※3　取崩期間について、１月未満の端数が生じる場合には、その端数を切り上げた期間
※4　期間中は、資産計上額を均等に取り崩す
※5　被保険者１人当たりの年換算保険料相当額が累計して30万円以下の場合は、本表の経理処理を行わずに期間の経過に応じて損金算入することが可能（定期保険等の契約が２件以上ある場合はそれぞれの年換算保険料相当額の合計額が30万円以下）
※6　資産計上期間後から取崩開始までの期間は、全額損金算入
※7　資産計上期間が５年未満の場合は、保険期間の開始から５年を経過するまでを資産計上期間とし、保険期間が10年未満の場合は、保険期間の開始から前半50％期間の終了までが資産計上期間
※8　前年からの解約返戻金の増加分÷年換算保険料相当額が70％超となる場合はその期間も含む

（４）生命保険と自社株式評価

　生命保険への加入が自社株式対策につながることもあります。

①類似業種比準価額の引き下げ

　生命保険のなかには、保険料が損金になる保険があります。法人が加入し保険料を負担することで、類似業種比準方式のうちの比準要素のひとつである年利益金額が下がることがあるため、評価額が引き下げることがあります。

②純資産価額の引き下げ

　役員に退職慰労金を支払うことで、純資産を少なくして純資産価額を引き下げることができます。この退職慰労金を支払うためには、その財源を確保することが必要になり、退職慰労金を準備するために生命保険を活用することができます。

　相続時には、自社株式はその時点で評価され相続財産に含まれることになります。

　相続はいつ発生するかわかりませんので、自社株式の評価が低くなっている時期にいわゆる事業承継税制の贈与税の納税猶予制度を活用したり、相続時精算課税制度によって評価額を決定（固定）する方法をとる場合もあります。

Case Study **1**

概要 》

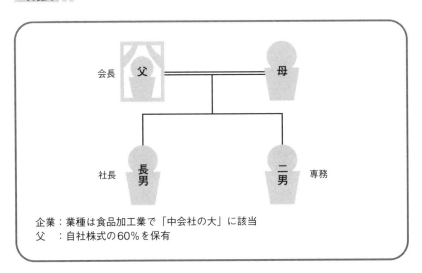

会長 父══母

社長 長男　二男 専務

企業：業種は食品加工業で「中会社の大」に該当
父　：自社株式の60％を保有

　父自身は、体調が悪いこともあり、生命保険に個人で加入することはできず、また、法人契約での加入もありません。

　従前、父は退職慰労金準備のために、社長・専務を被保険者とした逓増定期保険と、従業員全員を被保険者とした養老保険に加入しました。

　企業としては、当該保険に加入した当時は景気もよく、黒字続きでしたが、ここ数年間は、赤字に転落した決算になっており、配当も支払っていません。不幸なことに、この時点で父が他界しました。

〈法人が加入している生命保険（令和元年7月8日以後加入）〉

契約者	被保険者	死亡保険金 受取人	満期保険金 受取人	保険種類	経理処理
法人	社長・専務	法人	—	逓増定期保険	40%損金算入 60%資産計上
法人	役員・従業員 全員	被保険者の 遺族	法人	養老保険	1/2損金算入 1/2資産計上

ポイント ≫≫≫

　今回のポイントは、「法人の決算状況に合わせて、加入する生命保険の見直しを行うことが必要」ということです。

　類似業種比準方式の計算の基となる評価会社の「配当金額」「年利益金額」がゼロであり、さらに数年にわたってもこの2つの金額はゼロであるため、同社は、2要素がゼロ（比準要素数1）の会社となります。

　同社のような中会社の自社株式の評価は、原則として折衷方式（併用方式）にて行われますが、2要素がゼロの会社の場合、特定会社としてLの割合が変更されることになります。

中会社の大　　：類似業種比準価額×0.90 ＋ 純資産価額×（1 － 0.90）
　（変更）
2要素ゼロ会社：類似業種比準価額×0.25 ＋ 純資産価額×（1 － 0.25）

　一般に、黒字続きであった会社は、類似業種比準価額よりも純資産価額のほうが高くなる傾向にあります。2要素がゼロの会社になってしまうと、評価の高い純資産価額を75％の割合で株式評価額に反映させなくてはならないため、評価額が高くなってしまいます。したがって、2要素がゼロの会社の評価方法から原則的な評価方法に戻すために、配当を行うか、適

度な利益を計上することが必要となります。

　法人契約は、保険料が資産計上されるか損金算入されるかによって死亡
保険金・解約返戻金の受取時の経理処理が違ってきます。

　今回は、会社の決算状況を確認したうえで、たとえば加入している逓増
定期保険を解約し、その後の保障準備として次のような資産計上のできる
終身保険への加入を検討することも一案です。

契約者	被保険者	死亡保険金 受取人	保険種類	経理処理
法人	社長・専務	法人	終身保険	資産計上

　法人の生命保険は、死亡保障・死亡退職・生存退職などの準備のために
加入しますが、その際には必ずしも保険料が損金に算入できればよいとい
うことではありません。経理処理の違いもふまえて、加入する商品を選択
しましょう。

3 退職慰労金と弔慰金

（1）退職慰労金

　経営者や役員の退職時に支払う退職慰労金は、在職中の職務執行の対価という性質を持っています。しかし、オーナー企業などの場合、一般の企業と比べて、役員報酬と同じようにお手盛りの金額となってしまう危険性を抱えています。

　会社法によれば、退職慰労金は、報酬と同様、定款で定めるか、株主総会の決議によって支払うべきこととされています。一般には、定款で退職慰労金の額または算定方法が定められている例はあまりないようで、株主総会で決議されることが多いようです〔図表3－10〕。

　この際に、取締役会に無条件で一任する旨の決議（一任決議）を有効にするために、規程などで支給基準や限度額を明示しておくことをお勧めします。ただし、無条件にすべてを一任することは認められておらず、支給

〔図表3－10〕役員への退職慰労金支給の一般的な流れ

1．（役員）退職慰労金規程を作成
▼
2．取締役会にて決定し取締役会議事録を作成
▼
3．役員の退任が決定したら、株主総会で取締役会の一任決議を取り付け株主総会議事録を作成
▼
4．取締役会にて承認を得て、取締役会議事録を作成
▼
5．（役員）退職慰労金を支給

基準等が、株主の利益に反しない理由について説明する必要がある点に注意が必要です。そして、企業は策定した規程に基づき、取締役会において、具体的な支給額・支給時期等を決議して支払うことになります。

　役員などに支給する退職慰労金は、基本的には経費です。しかし、その支給額が過大な金額である場合には、支給額の一部が損金不算入となってしまうこともあります。過大な金額とは、その役員が法人の業務に従事した期間、退職の事情、類似する法人の退職金などと比べて相当であると認められる金額を超える場合のその超えた金額の部分です。

　一般的な退職慰労金の適正額は、次の基準を目安に算出されます。

退職慰労金額 ＝ 退職時の役員報酬月額 × 役員在任年数 × 功績倍率

　なお、功績倍率は、代表取締役や創業者などの場合で、一般に2.0 ～ 3.0とされています。

　つまり、役員などに対して退職慰労金を支払った法人においては、あくまでも目安ですが、上記の計算式で求めた金額までは損金算入ができるといえます。

　役員などに対するこの退職慰労金については、生存中に支払った場合は生存退職慰労金になりますし、死亡後に支払った場合は死亡退職慰労金になります。そして、退職慰労金は、企業の規程により支払われることになります。

　国家・地方公務員の死亡退職金は、法律等により支給を受ける遺族の順位が定められており、その遺族が定めに従って固有の権利として死亡退職金を受給します。一般企業の場合でも、退職金支給規程などで支給を受けるべき遺族の範囲と順序を定めている場合には、公務員と同様、その定めに従って遺族が固有の権利として死亡退職慰労金を受け取ることができま

す。しかし、退職金支給規程を設けていない会社の場合は、遺族の固有の権利とはならないため、遺族が相続放棄をすると、原則として受け取ることができません（判例によっては違う判断もあります）。そのため、退職金支給規程については、しっかりと作成しておいたほうがその後のトラブル防止につながります。

　死亡退職慰労金を遺族が受け取った場合には、被相続人の死亡後3年以内に支給金額が確定したものが相続財産とみなされて相続税の課税対象となります。ただし、死亡退職慰労金の全額が相続税の課税対象になるわけではなく、すべての相続人（相続を放棄した人や相続権を失った人は含まれません）が取得した死亡退職慰労金を合計した額が、以下の非課税限度額を超えた場合に課税されることになります。つまり、死亡した役員等の遺族である相続人の受け取った死亡退職慰労金が、この非課税限度額以下であれば、相続税は課されないということです。

非課税限度額＝500万円×法定相続人の数

　法定相続人の数は、相続の放棄をした人がいても、その放棄はなかったものとした場合の相続人の数をいいます。なお、相続人以外の人が取得した死亡退職慰労金（退職手当等）には、この適用はありません。

　そして、相続人がこの非課税限度額を超えた金額を受け取った場合には、死亡保険金のときと同様に、受け取った金額で各自按分して控除額を確定することになります。

$$\text{その相続人等の課税される死亡退職慰労金等の金額} = \text{その相続人等が受け取った死亡退職慰労金等の金額} - \text{非課税限度額} \times \frac{\text{その相続人等が受け取った死亡退職慰労金等の金額}}{\text{すべての相続人が受け取った死亡退職慰労金等の合計額}}$$

（2）弔慰金

　死亡によって受け取る香典や花輪代、葬祭料などについては、通常、相続税の課税対象になることはありません。企業などから弔慰金などの名目で支払われる金銭についても、一定の金額までであれば相続税の課税対象になることはありません。

・被相続人の死亡が業務上の死亡であるとき

　被相続人の死亡当時の普通給与の３年分に相当する額

・被相続人の死亡が業務上の死亡でないとき

　被相続人の死亡当時の普通給与の半年分に相当する額

　なお、普通給与とは、俸給、給料、賃金、扶養手当、勤務地手当、特殊勤務地手当などの合計額をいいます。

　この弔慰金の規定は、相続税基本通達に定められていて、一般的に、弔慰金を支払う法人の場合、この金額までは損金算入が可能とされています。また、死亡退職慰労金と同様に、会社の弔慰金規程などで遺族への支払が定められている場合には、たとえ相続を放棄していたとしても、その遺族は弔慰金を受け取ることができます。

（3）死亡退職慰労金・弔慰金と生命保険

　法人が役員に対する死亡退職慰労金や弔慰金を支払う際には、これらを分けて支払う必要があります。受け取る遺族からすれば、死亡退職慰労金に該当するのか、弔慰金に該当するのかで、相続税の取扱いが違ってきますし、法人でも損金算入できる金額が違ってきます。そのため、退職金支給規程にその旨を定めておく必要があります。

従業員の死亡に伴う退職金などは労働法で守られているのに対して、企業の経営者や役員の死亡退職慰労金は会社法で支払う旨が定められているだけで、仮に規程があったとしても、支払う財源がなければ支払えないことも起こり得ます。経営者としては、自分自身のことですし、残される遺族、会社や従業員などのためにも、十分な検討と事前準備をしておくべきでしょう。

　たとえば、生存退職慰労金であれば、自身の勇退をいつの時期にするかをあらかじめ決めておき、それに向かってコツコツと現金を貯めるなどして準備することも可能かもしれません。しかし、10年・20年先のためにコツコツ貯めることはなかなか難しいでしょうし、その間に万一のことがあるかもしれません。

　生命保険は、加入したらすぐに万一の際に必要となる死亡退職慰労金が準備できますし、商品によっては、ある程度の期間がたってから解約をすれば、その解約返戻金を生存退職慰労金に充てることもできます。

　こうした点から、退職慰労金準備に生命保険を活用することは有効といえます〔**図表３－11**〕。

〔**図表３－11**〕**長期平準定期保険での準備のイメージ**

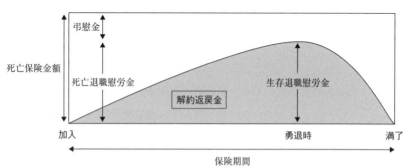

　ところで、社長であった人が相談役などに退いた場合に、法人として、それまで加入していた生命保険をすべて解約し受け取った解約返戻金を退職慰労金に充当しているケースもあると思います。しかし、その相談役が、今後も企業経営に引き続き関わりを持つのであれば、一度、生存退職慰労金を支払った後でも、再度、死亡退職慰労金や弔慰金の備えを生命保険で準備しておくべきです〔**図表3－12**〕。

〈1回目の退職時期が明確な場合〉

・キャッシュバリューのある生命保険で対応（養老保険・年金保険等）

・2回目の退職準備としては終身保険で対応（高齢となるため）

〈1回目の退職時期が不明確な場合〉

・終身系の生命保険で対応（終身保険・長期平準定期保険等）

・減額による返戻金を活用して、1回目（減額返戻金）や2回目（解約返戻金）の退職原資に充当

　ただし、2回目の退職慰労金を支払うためには、分掌変更を行い、職務内容、役職、地位などを大幅に変更させたり（実質的に法人の経営上主要な地位を占めている場合は認められません）、分掌変更等の後における報酬を大幅に減少（おおむね50％以上の減少）させるなどの制約が生じる点には注意が必要です。

〔図表３−12〕 １回目と２回目の退職慰労金準備

〈長期平準定期保険のイメージ〉

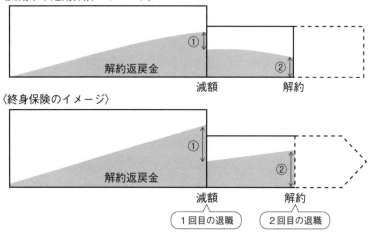

〈終身保険のイメージ〉

解約返戻金

減額　　　　　　　解約

１回目の退職　　　２回目の退職

Case Study ❷

概要 》》

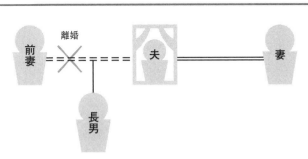

企業：業種は建設会社で黒字が続いている優良企業
　　　役員に係る退職慰労金・弔慰金規程の作成はしていなかった
夫　：数年前に勇退し相談役。勇退時に退職慰労金を受け取る
長男：離婚した前妻との間の子。すでに後継者として社長に就任（独身）

　法人として、次のような生命保険に加入していましたが、相談役である夫が他界し、法人が死亡保険金を受け取りました。

〈法人が加入している生命保険〉

契約者	被保険者	死亡保険金受取人	保険種類
法人	相談役（夫）	法人	定期保険

　夫を亡くした妻としては、夫とは年齢差もあり、今後の生活を考えると少しでも死亡退職慰労金や弔慰金なども受け取りたいと思っていましたし、受け取れると思っていました。しかし、当該企業からは「この保険金

は企業としての葬儀費用などに利用するのでお支払できません」といわれ、結果、妻への支払はまったくありませんでした。

　頼みの綱である長男との関係も、夫の生前は良好でしたが、死亡後は、完全に冷え切っており、無視されている状況です。

　夫は、相続税対策として、生前から長男に自社株式の移転や納税資金としての現金贈与などを着実に進めており、妻が受け取る相続財産は相当少ない金額になってしまうことが予想されます。

ポイント 》》

　今回のポイントは、「事業と関係のない相続人である妻への配慮も必要となるため、個人として妻への財産を遺すような生命保険に加入するか、法人関係者と相談のうえ、法人として準備可能な保険の検討や役員退職慰労金・弔慰金の規程作成などを整えておけば…」ということです。当然ながら、家族間での相談が第一ですが、遺言も有効な選択肢のひとつです。

　事業用財産を生前に後継者に移すことで、相続税負担の軽減を図ることができるうえに、法人の経営を安定させることができます。その際、同社のように優良な企業であると、自社株式の評価額が高くなりがちであるため、評価減の検討と実行も必要です。

　一方、今回のケースでは、自社株式対策とは関係のない相続人への配慮も必要です。

　配偶者などに確実に死亡退職慰労金や弔慰金などを支払うためには、法人として、役員の退職慰労金・弔慰金の規程をしっかりと作っておくことを検討すべきです。あわせて、この死亡退職慰労金・弔慰金の準備として、既加入の生命保険のほかに、万一の事態がどのタイミングで発生しても、

これらの財源として対応可能な次のような生命保険加入を検討したいもの
です。

〈**財源として検討したい生命保険**〉

契約者	被保険者	死亡保険金受取人	保険種類
法人	相談役（夫）	法人	終身保険・ 長期平準定期保険

4 自社株式と生命保険

（1）自社株式の買い取り

　経営者である社長以外の株主からの「相続により取得した自社株式を買い取ってほしい」といった要望は、上場されておらず、比較的業歴のある会社においてよく耳にします。他方、後継者問題が安定した会社経営に影響を及ぼさないようにするためにも、法人側から既存の株主に対して自社株式を買い取ることを提案することもよくあります。

①会社の税務

　会社が自社株式を取得し、その対価を支払った場合、税務上は資本金等の額（通常は資本金と資本準備金）に対応するとされる部分は出資の払戻し、利益積立金に対応する部分は配当と考えます。

　具体的には、株主に交付される金銭等のうち、取得資本金額（＝自社株式の取得直前の１株当たりの資本金等の額×取得自社株式数）に相当する金額が資本金等の額から減少し、取得資本金等の額を超える金額が利益積立金から減少します〔図表３－13〕。

②個人の税務

　会社へ株式の譲渡をして受け取った対価のうち、発行会社において利益積立金とされる金額に相当する金額は、個人においては配当とみなされ、配当所得として課税されます。一般に、「みなし配当課税」といいます。

〔図表３－13〕経理処理

資本金等の額	×××　／	現金預金	×××
利益積立金	×××		

　個人が受け取った配当所得の金額は、総合課税の対象となり、確定申告をすることで配当控除の適用を受けることもできます。所得金額が高い場合は、総合課税でもあり一般に税負担は重くなります。

③相続により取得した株式を売却した場合

（ａ）みなし配当課税の不適用

　相続または遺贈により非上場株式を受け取った場合に、その非上場株式を発行会社に譲渡したときは、いわゆる「みなし配当課税」を行わず、その譲渡対価の全額が株式の譲渡所得等の総収入金額とされます。通常の株式譲渡と同様に、所得税15.315％、住民税５％の申告分離課税として扱われます。ただし、この規定の適用を受けるためには、相続開始日の翌日から３年10カ月以内にその株式を譲渡することが必要です。

（ｂ）相続税額の取得費加算の特例

　譲渡所得の計算では、株式を譲渡した個人は、確定申告を要件にその負担した相続税額のうち譲渡株式に対応する部分を取得費に加算できる特例の適用を受けることもできます。

（２）生命保険の活用

　法人が自社株式の買取りを考えた場合、そのための資金を手当する必要が出てきます。そして、必要資金は、生命保険で準備することができます。

　生命保険であれば、万一のときに備えられるとともに、加入した時点から自社株式の購入のために必要となる資金を確保することができます。

　たとえば、非上場の自社株式の多くを先代社長が保有しており、現社長が後継者として事業承継する場合、先代社長が保有している自社株式などを後継者である現社長が相続することが多くなります。先代社長を被保険者として生命保険に加入しておくことで、相続人でもある現社長は、受け

取る保険金を必要となる納税資金に充当したり、他の相続人に対しての代償交付金などに充当したりすることができ、円滑な事業承継が可能になり、争族の防止に役立たせることができます〔図表3－14〕。

　また、社長の兄弟姉妹が会社の株式を保有している場合で、兄弟姉妹に相続が発生し、その子どもが会社経営にまったく関係していないなどのケースでは、その子どもから自社株式を購入するなど、会社として自社株式の分散を防止するための資金としても活用できます。

〔図表3－14〕自社株式対策と生命保険のフロー

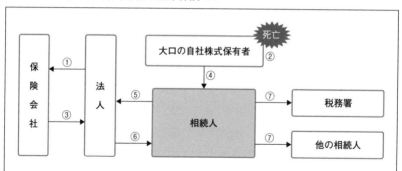

① 「契約者＝法人」「被保険者＝自社株式保有者（先代社長）」「死亡保険金受取人＝法人」の契約形態で生命保険に加入
② 大口の自社株式保有者（先代社長）が死亡
③ 死亡保険金を法人に支払う
④ 相続により、自社株式保有者の相続人（後継社長）が自社株式を相続
⑤ 相続人は法人に対して、相続した自社株式の買取請求を実施
⑥ 法人は株主総会の特別決議により相続株式の買取りを決定し、相続人に対してその代金を支払う
⑦ 相続人は自社株式の売却代金を納税資金や代償交付金などに充てる

Case Study **3**

概要 》》

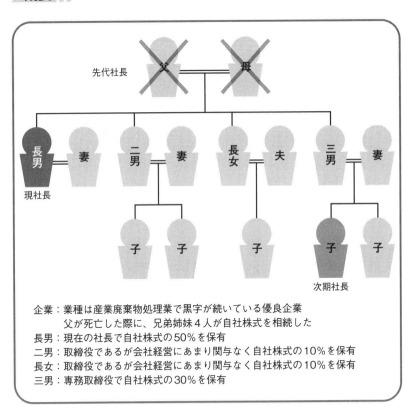

先代社長　父＝＝母

長男（現社長）＝＝妻　　二男＝＝妻　　長女＝＝夫　　三男＝＝妻

子　子　　　子　　　子（次期社長）　子

企業：業種は産業廃棄物処理業で黒字が続いている優良企業
　　　父が死亡した際に、兄弟姉妹４人が自社株式を相続した
長男：現在の社長で自社株式の50％を保有
二男：取締役であるが会社経営にあまり関与なく自社株式の10％を保有
長女：取締役であるが会社経営にあまり関与なく自社株式の10％を保有
三男：専務取締役で自社株式の30％を保有

　長男夫婦には、子どもがいないため、同社に勤務する三男の子どもを、三代目社長として事業を承継することになりました。

さらに、法人では、長男と三男の死亡・生存退職慰労金準備と弔慰金準備として長期平準定期保険に加入し準備をしています。

〈現在法人として加入している生命保険〉

契約者	被保険者	死亡保険金受取人	保険種類
法人	長男・三男	法人	長期平準定期保険

ポイント ≫≫

　今回のポイントは、二男と長女が保有する自社株式をどのように会社が買い取って三男の子どもに引き継がせるか、あわせて、子どものいない長男が大量に保有する自社株式対策をどのように行うかです。

　養子縁組、生命保険による取得資金準備、長男の妻への配慮などが必要になります。

　二男や長女が持っている非上場の自社株式をそのままにしておいて、万一相続が発生した場合には、二男の妻とその子ども、長女の夫とその子どもに相続されることとなり、会社経営とはまったく関係がない人に相続されてしまうことになります。

　また、現社長が保有する自社株式についても、万一の際には、妻と二男・長女・三男に分けられることになり、次期社長である三男の子どもへの円滑な事業承継を困難にしてしまうおそれが生じます。そのためにも準備が必要です。

　相続対策としては、次期社長である三男の子どもを長男の養子とすることで、将来の相続によって自社株式を次期社長（三男の子ども）に相続させることも可能です。

　あわせて、二男・長女の自社株式については2人が死亡後に会社として

買い取ることも提案すべきでしょう。2人は会社の取締役に名前を連ねており、2人に次のような生命保険を準備することも一案です。

契約者	被保険者	死亡保険金受取人	保険種類
法人	二男	法人	長期平準定期保険
法人	長女	法人	長期平準定期保険

　会社としては、死亡退職慰労金と同時に、買取資金も兼ねて大きな死亡保険金を準備することで対応しました。このように自社株式が散逸しないような対策としても、生命保険を活用して自社株式の買取りを検討したいものです。

5　円滑な事業承継・名義変更

（1）生命保険の名義変更

　法人で加入している生命保険契約は、個人に名義変更することが可能です〔図表３−15〕。一般的には、生命保険契約は健康告知が必要な商品です。そこで、退職にあたって、現在の健康状態では希望する保険に加入できないものの保障を確保しておきたいといった場合などに、個人が法人から購入したり、法人が個人へ支払う生存退職慰労金・賞与の一部として充当したりすることもあります。名義変更の方法には、個人が金銭を支払う有償の場合と、金銭を支払わない無償の場合があります。

　法人契約である生命保険を、個人契約とするためにその個人に譲り渡す場合、譲渡価格は原則、解約返戻金相当額になります〔図表３−16〕。

　なお、この名義変更時の評価方法は、令和元年７月８日以降に締結した定期保険または第三分野（医療保険やがん保険等）の保険契約（保険期間３年以上かつ最高解約返戻率50％超の契約）を、令和３年７月１日以降に名義変更する場合には、変更時点の解約返戻金が資産計上額の７割未満のときは帳簿上の資産計上額で評価することになりました。また、復旧することのできる払済保険等で、名義変更直前に払済にすることで雑損失（損金）が発生している保険契約については、解約返戻金相当額にこの払済時

〔図表３−15〕名義変更のイメージ

	契約者	被保険者	死亡保険金受取人
法人契約	法人	経営者	法人

⬇ 名義変更（契約者変更・死亡保険金受取人変更）

	契約者	被保険者	死亡保険金受取人
個人契約	経営者	経営者	経営者の遺族

〔図表3－16〕「法人→個人」への契約者変更と課税関係

	法　　　人	個　　　人
有償	・資産計上がない場合、個人から受け取った金額を雑収入として益金に計上します。 ・資産計上している前払保険料等がある場合、その金額を取り崩し、個人から受け取った金額との差額を雑収入として益金に計上します。 ・解約返戻金相当額※のほうが少ない場合は、雑損失とします。	・解約返戻金相当額※を会社に支払います。 ・個人の課税は発生しません。
無償	・資産計上がない場合、個人に対して退職慰労金または賞与の一部として解約返戻金相当額を支払います。 ・資産計上している前払保険料等がある場合は、その金額を取り崩し、個人に対して退職慰労金の一部として解約返戻金相当額※を支払います。	・退職慰労金の一部として個人が引き継ぐ場合は、解約返戻金相当額※が退職所得になります。 ・それ以外は賞与となり給与所得として所得税・住民税が課されます。

※　前ページの条件に該当する契約は、帳簿上の資産計上額

〔図表3－17〕死亡保険金に係る税金

契約者	被保険者	死亡保険金受取人	税金の種類
A（夫）	A（夫）	B（妻）	相続税（非課税限度額の適用可）

の雑損失（損金算入）とした金額を合計した額になります。

　なお、名義変更した後に個人が死亡し相続人が死亡保険金を受け取った場合には、当初から被相続人がこの保険に加入していた場合と同様に取り扱います〔図表3－17〕。

　ただし、名義変更をした後の養老保険の満期保険金、年金保険の年金、途中解約されて解約返戻金を受け取った場合などの一時所得・雑所得の計算において必要経費とされるのは、個人に課税された金額（退職慰労金、賞与、または買い取った金額）とその後に自身で支払った保険料相当額の合計額になるため注意が必要です。

（2）退職所得としての退職慰労金

　退職によって生存退職慰労金を支払った場合、一般に、法人では一定額を損金算入でき、個人においては、受け取った個人の退職所得になります。

　退職所得の金額は、その年中の退職金（生存退職慰労金）から勤続年数に応じた退職所得控除額を控除した残額の2分の1に相当する金額で、税金の計算方法は、他の所得とは完全に区別して課税される「分離課税方式」がとられています。課税される金額が2分の1とされるため、通常の所得税に比べると税額も安くなります。

　また、計算式からもわかるように、勤続年数に応じた退職所得控除が設けられているので、勤続年数が長いほど控除額が大きくなるという特徴もあります（令和5年10月時点）〔図表3－18〕。

　一般に、退職所得はその支払の際に源泉徴収が行われており、そこで課税関係も終了するので確定申告をする必要もありません。ただし、必要となる書類を事前に支払者に提出していない場合や、他の所得と損益通算する場合などの際には、確定申告が必要となります。

（3）事業承継対策としての名義変更

　経営者の事業承継対策を目的に、法人で用意した生命保険契約を退職慰労金の一部として個人に名義変更することもできます。

　法人による生命保険活用では、通常は勇退（退職）時に解約して、その解約返戻金を退職慰労金に充当しますが、この生命保険契約の契約者を法人から個人に、死亡保険金受取人も法人から個人に変更して退職慰労金の一部として受け取ることで、個人で準備すべき事業承継対策として活用することができるようになります。

〔図表３－18〕退職所得の計算とイメージ（令和５年10月時点）

（収入金額（源泉徴収される前の金額）－退職所得控除額[※1]）×1/2[※2]＝退職所得の金額

勤続年数[※3]	退職所得控除額
20年以下	40万円×勤続年数（80万円に満たないときは80万円）
20年超	800万円＋70万円×（勤続年数－20年）

※1　障害者になったことが直接の退職原因の場合は100万円を加算

※2　勤続年数が５年以下の役員については「×1/2」は適用されない

　　　勤続年数が５年以下の役員等以外の者については収入金額から退職所得控除額を

　　差し引いた額のうち300万円を超える部分に「×1/2」は適用されない

※3　勤続年数は１年未満は切り上げる

退職所得は、原則として他の所得と分離して所得税額を計算します。

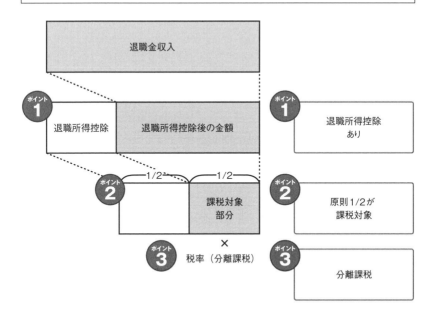

個人に名義変更した契約については、契約の権利が譲渡されたことになるので、当初から個人で加入していた場合と同様の取扱いとなります。死亡時には、相続税の課税対象（途中解約し所得税が課される場合の必要経費は退職慰労金として課税された金額と、その後に個人が支払った保険料の合計額）になります。

　個人への名義変更後も、個人として保険料を継続して支払い続けることもできます。しかしながら、保険契約を退職時期に払込みが満了するタイプの終身保険としたり、逓増定期保険などを退職時に払済終身保険へ変更したりして対応することが多いようです〔図表３－19〕。

　勇退（退職）時には、法人が加入していた生命保険をただ解約して退職慰労金の原資に充てるということだけでなく、名義変更についても考慮することが必要となります。

〔図表３－19〕名義変更した際のイメージ

終身保険

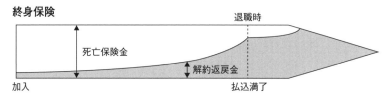

逓増定期保険→払済終身保険

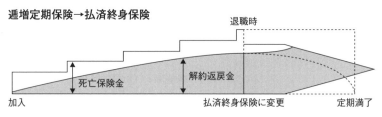

Case Study **4**

概要 >>>

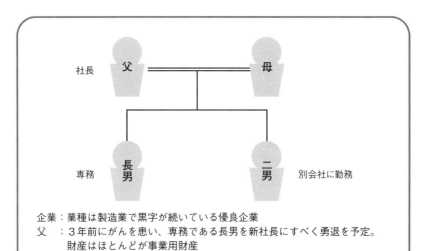

社長　父 ＝＝＝ 母

専務　長男　　　二男　別会社に勤務

企業：業種は製造業で黒字が続いている優良企業
父　：３年前にがんを患い、専務である長男を新社長にすべく勇退を予定。
　　　財産はほとんどが事業用財産

　父が個人で加入している生命保険は、定期保険特約付終身保険のみで、すでに定期保険特約が満了しており、個人の死亡保険金はほとんどない状況です。父の勇退（退職）にあたり、当初からの予定どおり、法人として、父である社長の法人契約の生命保険を解約して生存退職慰労金として支払うことにしていました。

〈父が個人で加入している生命保険〉

契約者	被保険者	死亡保険金受取人	保険種類
父	父	母	定期保険特約付終身保険

〈父が法人で加入している生命保険〉

契約者	被保険者	死亡保険金受取人	保険種類
法人	社長（父）	法人	終身保険
法人	社長（父）	法人	定期保険特約付終身保険
法人	社長（父）	法人	逓増定期保険

ポイント 》》》

　今回のポイントは、現社長である父が保有する自社株式をどう生前に円滑に長男に移転させるか、納税資金対策、妻である母や二男の遺留分などへの配慮として代償交付金を生命保険で準備することの検討です。法人で加入している保険を個人名義に変更すること、事業用財産のほとんどを長男に受け取らせることなどを前提として、そのための資金づくりも必要でしょう。

　長男が自社株式を引き継ぐ場合、代償交付金として二男に渡す資金が必要になります。そのための資金と納税資金の準備として、生命保険の活用を検討します。

　納税資金や代償交付金の準備として、現社長が受け取る退職慰労金を原資として、次のような一時払終身保険に加入するのも一案です。一時払終身保険であれば、職業告知や無告知で加入できる商品もあり、健康状態に関係なく加入することができます。

契約者	被保険者	死亡保険金受取人	保険種類
父	父	長男	一時払終身保険

　また、法人で加入している定期保険特約付終身保険と逓増定期保険を、払済保険に変更して、退職慰労金の一部として支払うことも可能です。

契約者	被保険者	死亡保険金受取人	保険種類	対応
法人	社長（父）	法人	終身保険	そのまま継続
法人	社長（父）	法人	定期保険特約付終身保険	払済終身保険
法人	社長（父）	法人	逓増定期保険	払済終身保険

契約者・被保険者・死亡保険金受取人を変更

契約者	被保険者	死亡保険金受取人
父	父	長男

　このような名義変更をすることで、今後の死亡保障も確保でき、個人で加入していたのと同様に納税資金や代償交付金の準備が可能になります。一時払いで新規に加入するよりも、大きな死亡保障を準備できる場合もあり、今回のようなケースにおいては、両方を確認して選択することを検討したいものです。

コラム

其の5　セミナーでの小話（講師編①）

　セミナーで人前に立つ際には、その内容の準備はもちろんですが、実は同じくらい、服装には細心の注意を払っています。

「スーツ」

　基本、スーツでお話をさせていただくことになります。もちろん、派手なものではなく金融機関に勤める者としてふさわしい服装になりますが、特に気にするのはスーツの「しわ」です。

　講演の際には、舞台衣装のように直前に着替えてお話をされるプロ講師も多いようです。しかし、出張で講師をさせていただいている私たちの場合、なかなか着替える場所もありませんので、せめて上着だけでも"しわ"には気をつけるようにしています。

　特に、ホワイトボードを使用する場合は背中をみせることも多くなるため、移動中から気をつけています。たとえば、電車移動などの際には、座らないようにすることです。長時間移動の場合には、さすがに座ることもありますが、こういった際には、上着は脱いでハンガーに掛けるようにしています。このちょっとした心遣いで、上着の"しわ"は相当違ってきますし、講演の感想にも影響が出てくると思います。やはり、第一印象は大事ですから…。

「ネクタイ」

　Ｖゾーンには気を使います。男性であればシャツとネクタイになりますが、シャツ・ネクタイともに明るい色を選ぶようにしています。これは、全体の印象を明るくするためです。年齢は偽れませんが、講師をみたときの印象は大事ですから少しでも格好よく…。

　結果、講演自体も明るい雰囲気をつくれるよう、こういった面にも気配り（隠れた努力）をしています。

コラム

其の6　セミナーでの小話（講師編②）

　講師のマナーは、セミナー全体の印象を変えることにもつながります。細かい点にも気を配って、準備することが必要です。

「靴」

　泥だらけの靴、汚れた靴で、セミナーに向かうことはまずないと思います。男女問わず、しっかりと磨いた清潔なものを履くことはもちろんです。ただ、長時間立ったままのセミナーの場合、何より履き慣れた靴でないとセミナーの途中で足が痛くなり、そちらに気がそがれて…、結果、講師失格になりかねません。たかが靴、されど靴です。

　もうひとつ、ポイントにしているのは「靴底」です。セミナー講師をする際に、靴底はあえてゴム底のものにしています。その理由は、檀上は床が板張りのことも多く、皮底などではコツコツと靴音が大きく響いてしまうためです。お客さまの関心・気持ちがそがれてしまっては失敗です。

「事前資料」

　セミナーを実施する際には、自分が話をする資料を持参しますが、主催者側に資料の印刷や配布をお願いしたりするなど、協力を仰ぐことになります。そのため、普段から講師はセミナー主催者と連携を密にするよう心がけるべきです。事前に依頼した資料の準備確認、早めの会場入りなどは講師として当然の行為です。

　また、講師のなかには、自分用と配布用の資料を分けたうえで、自分用に細かく書き込んでいる方もいます。個人的に、このやり方は「お客さまが資料を追い切れない」ため、好きではありません。配布資料をそのまま活用し、追加事項や詳細は適宜お客さまをみながらセミナーができるような講師でありたいと常々思っています。

巻末資料

巻末資料①

●相続税額早見表（配偶者ありの場合）

（単位：万円）

遺産総額	子1人	子2人	子3人	子4人
5,000	40	10	0	0
7,000	160	113	80	50
10,000	385	315	263	225
15,000	920	748	665	588
20,000	1,670	1,350	1,218	1,125
25,000	2,460	1,985	1,800	1,688
30,000	3,460	2,860	2,540	2,350
35,000	4,460	3,735	3,290	3,100
40,000	5,460	4,610	4,155	3,850
45,000	6,480	5,493	5,030	4,600
50,000	7,605	6,555	5,963	5,500
55,000	8,730	7,618	6,900	6,438
60,000	9,855	8,680	7,838	7,375
65,000	11,000	9,745	8,775	8,312
70,000	12,250	10,870	9,885	9,300
80,000	14,750	13,120	12,135	11,300
90,000	17,250	15,435	14,385	13,400
100,000	19,750	17,810	16,635	15,650
110,000	22,250	20,185	18,885	17,900
120,000	24,750	22,560	21,135	20,150
130,000	27,395	25,065	23,500	22,450
140,000	30,145	27,690	26,000	24,825
150,000	32,895	30,315	28,500	27,200
200,000	46,645	43,440	41,183	39,500

※　遺産総額は、基礎控除前の金額であり、法定相続人が法定相続分により相続した場合の相続税額
※　税額控除等は配偶者の税額軽減のみとして計算
※　早見表の相続税額は万円未満を四捨五入しているため、実際の相続税額とは若干の相違あり

●相続税額早見表（配偶者なしの場合）

（単位：万円）

遺産総額	子1人	子2人	子3人	子4人
5,000	160	80	20	0
7,000	480	320	220	160
10,000	1,220	770	630	490
15,000	2,860	1,840	1,440	1,240
20,000	4,860	3,340	2,460	2,120
25,000	6,930	4,920	3,960	3,120
30,000	9,180	6,920	5,460	4,580
35,000	11,500	8,920	6,980	6,080
40,000	14,000	10,920	8,980	7,580
45,000	16,500	12,960	10,980	9,080
50,000	19,000	15,210	12,980	11,040
55,000	21,500	17,460	14,980	13,040
60,000	24,000	19,710	16,980	15,040
65,000	26,570	22,000	18,990	17,040
70,000	29,320	24,500	21,240	19,040
80,000	34,820	29,500	25,740	23,040
90,000	40,320	34,500	30,240	27,270
100,000	45,820	39,500	35,000	31,770
110,000	51,320	44,500	40,000	36,270
120,000	56,820	49,500	45,000	40,770
130,000	62,320	54,790	50,000	45,500
140,000	67,820	60,290	55,000	50,500
150,000	73,320	65,790	60,000	55,500
200,000	100,820	93,290	85,760	80,500

※ 遺産総額は、基礎控除前の金額であり、法定相続人が法定相続分により相続した場合の相続税額
※ 税額控除等は、ないものとして計算
※ 早見表の相続税額は万円未満を四捨五入しているため、実際の相続税額とは若干の相違あり

巻末資料②

●完全防衛額　相続税額早見表

<配偶者ありの場合>　　　　　　　　　　　　　　　　　　　　　（単位：万円）

課税価格	子1人	子2人	子3人
10,000	385	315	263
15,000	920	748	665
20,000	1,788	1,350	1,218
25,000	2,825	2,088	1,800
30,000	4,075	3,148	2,635
35,000	5,325	4,209	3,552
40,000	6,619	5,270	4,612
45,000	8,071	6,570	5,723
50,000	9,523	7,919	6,877
55,000	11,000	9,268	8,031
60,000	12,667	10,687	9,271
65,000	14,333	12,139	10,723
70,000	16,000	13,590	12,174
75,000	17,667	15,103	13,626
80,000	19,333	16,661	15,077
85,000	21,000	18,218	16,529
90,000	22,667	19,775	17,981
95,000	24,333	21,333	19,432
100,000	26,028	22,890	20,884

<配偶者なしの場合>　　　　　　　　　　　　　　　　　　　　　（単位：万円）

課税価格	子1人	子2人	子3人
10,000	1,529	770	630
15,000	4,433	2,200	1,440
20,000	8,100	4,343	2,871
25,000	12,500	7,533	5,014
30,000	17,500	10,867	7,300
35,000	22,500	14,564	10,633
40,000	27,877	18,655	13,967
45,000	33,988	23,000	17,300
50,000	40,100	28,000	21,027
55,000	46,211	33,000	25,118
60,000	52,322	38,000	29,209
65,000	58,433	43,000	33,500
70,000	64,544	48,000	38,500
75,000	70,656	53,311	43,500
80,000	76,766	59,422	48,500
85,000	82,878	65,533	53,500
90,000	88,989	71,644	58,500
95,000	95,100	77,756	63,500
100,000	101,211	83,867	68,500

※　法定相続分により取得したものとして計算

巻末資料③

●贈与税額早見表

(単位：万円)

贈与額	一般		直系尊属	
	贈与税額	実質税率	贈与税額	実質税率
110	0	0%	0	0%
150	4	2.7%	4	2.7%
170	6	3.5%	6	3.5%
200	9	4.5%	9	4.5%
250	14	5.6%	14	5.6%
300	19	6.3%	19	6.3%
310	20	6.5%	20	6.5%
350	26	7.4%	26	7.4%
400	34	8.4%	34	8.4%
450	43	9.6%	41	9.1%
470	47	10.0%	44	9.4%
500	53	10.6%	49	9.7%
520	58	11.2%	52	10.0%
600	82	13.7%	68	11.3%
700	112	16.0%	88	12.6%
800	151	18.9%	117	14.6%
900	191	21.2%	147	16.3%
1,000	231	23.1%	177	17.7%
1,200	316	26.3%	246	20.5%
1,500	451	30.0%	366	24.4%
2,000	695	34.8%	586	29.3%

※ 贈与額は、基礎控除前の金額
※ 実質税率とは、贈与税額を贈与額で除した割合で、小数点第２位以下を四捨五入して表示
※ 一般以外の贈与は、贈与の年の１月１日において、18歳以上の人が直系尊属から受けた贈与について
適用
※ 早見表の贈与税額は万円未満を四捨五入しているため、実際の贈与税額とは若干の相違あり

すぐに使える
そうぞく対策と生命保険活用術 [四訂版]

平成25年 8 月29日	初版第 1 刷発行
平成26年 8 月28日	二訂版第 1 刷発行
令和 4 年 3 月18日	三訂版第 1 刷発行
令和 5 年10月29日	四訂版第 1 刷発行

編　者　　明治安田生命保険相互会社
　　　　　営業教育部
発行者　　加　藤　一　浩
発行所　　一般社団法人金融財政事情研究会
　　　　　〒160-8519　東京都新宿区南元町19
　　　　　電話　03-3358-0016（編集）
　　　　　　　　03-3358-2891（販売）
　　　　　URL　https://www.kinzai.jp/

※　三訂版までは株式会社きんざいが発行所でしたが、四訂版から発行所が変わりました。

デザイン・DTP　タクトシステム株式会社
印刷　三松堂印刷株式会社　ISBN978-4-322-14380-5 © KINZAI　2023